Eugénie Saint-Antoine

Comment être *une vraie lady ?*

hachette
LOISIRS

LES CAKES DE BERTRAND
Didier Bertrand & Adolphe Besnard

Couverture : Claire Guigal
Conception intérieure : Salah Kherbouche
Mise en pages : Claire Rouyer

On en rêve toutes depuis le mariage du siècle entre Kate Middleton et le prince William : accéder au rang de lady. La lady est une dame. Elle incarne la noblesse et la distinction, avec ou sans titre ; la Révolution française est passée par là, mais les bonnes manières demeurent.

La lady, c'est aussi l'incarnation de la féminité, ce qui n'exclut cependant pas un peu de féminisme à l'occasion !

Sommaire

Introduction

La noblesse aujourd'hui, en France, n'est plus un titre, c'est une attitude. Pourtant, les contes de fées modernes existent et les magazines princiers attirent toujours un public fidèle, admiratif des princes et princesses, reines, ducs, baronnes et autres célébrités plus ou moins proches de nous. Monaco, Belgique, Angleterre… À quelques heures de notre capitale, des cours et des châteaux papillonnent, des dames en longue robe et couronnées continuent de nous faire rêver.

Puisque des actrices deviennent princesses et que ce ne sont pas des histoires de bergères, si un prince devait passer par là, nous aimerions nous aussi être reconnues comme une femme de son rang, par notre tenue, nos gestes, notre conversation.

Personne n'a oublié Diana Spencer, Lady Di, certainement la lady la plus célèbre du XXe siècle, détrônée peut-être par Lady Gaga depuis, dans un autre registre. À la mort de la duchesse de Cornouailles en

1997, ses admirateurs déposèrent tant de gerbes de fleurs sur les routes qu'il fallut les interdire pour des questions de sécurité. Voilà comment un mythe se crée et une femme entre dans la légende. Que l'on appréciât cette dame ou non, force est de reconnaître que la raison de son succès se résume certainement par sa position très haut placée dans la noblesse anglaise (épouse et mère des futurs rois) ainsi que par son humilité conjointe, un trait qui se retrouve dans le titre de « princesse du peuple » sous lequel on continue de la louer.

Vous avez, vous aussi, le désir d'être une lady ? Une femme admirable et totalement irréprochable, une femme modèle et en même temps terriblement humaine, qui n'hésite pas à confesser ses erreurs avec autant de sagesse que de candeur ? Une femme altruiste et digne qui apporte un soulagement aux plus démunis, qui ne joue pas de son malheur, une dame plus qu'une femme, qui saura être aimée par toutes générations et tous sexes confondus ? C'est un long chemin, mais il n'est pas impraticable et si sa longueur est un mérite, c'est qu'une lady est encore plus crédible les années passant.

Une personnalité unique

La lady ne ressemble à personne ; elle est au-dessus de la moyenne des autres femmes. En un mot : elle se distingue. On dit d'elle que c'est une « grande dame », même si elle ne dépasse pas le mètre cinquante. Aucune femme ne la jalouse, aucun homme ne la désire avec concupiscence ; elle est parfaitement respectable et, quand on dit d'elle qu'elle est belle, c'est avec une douceur dans la voix, comme pour remercier de la connaître.

Élégante

La lady est élégante en toutes circonstances, d'autant plus qu'elle sait que son allure, ses vêtements, ses parures seront, sinon jugés, au moins un sujet de conversation. On attend d'elle qu'elle surprenne sans heurter. La lady est toujours dans le ton, jamais en décalage et, si elle est avant-gardiste par sa tenue, ou délicieusement rétro, c'est qu'elle la porte avec un tel naturel que cela en devient rassurant.

La reine des basiques

Dans son dressing, la lady possède des chemisiers noirs, bleu marine, blancs, crème, des jupes, pulls, pantalons, chaussures et manteaux assortis. Elle maîtrise l'art des basiques et, tous ses vêtements étant de bonne facture ainsi que de matière noble, elle les conserve longtemps (sa silhouette varie peu). Elle sait ressortir un sac *vintage* que l'on croirait neuf alors qu'elle le possède depuis plus de trente ans. La lady paraît toujours habillée de la même façon mais dans le même temps, on semble découvrir sa tenue. Est-elle neuve ? Aucunement, c'est une robe qu'elle a depuis des années, mais qu'elle porte toujours impeccablement repassée, nouvellement accessoirisée et dans un état de conservation surprenant. La lady n'hésite d'ailleurs pas à posséder plusieurs exemplaires de la même robe (ou d'autres tenues qu'elle affectionne), avec une coupe identique mais des tissus ou des couleurs différents. Elle n'a pas un seul manteau pour l'hiver, mais un manteau très long à porter avec ses robes, un caban pour quand elle est au bord de la mer, un autre manteau, rouge, pour mettre en valeur son tailleur noir, etc.

La lady n'est pas forcément riche, même si son dressing paraît impressionnant. Elle est simplement exigeante à l'achat et très précautionneuse dans l'entretien de ses vêtements.

Un sillage renversant

La lady se distingue également par un parfum unique et en même temps familier, comme si son sillage traversait le temps. Elle porte un parfum qui pourrait nous rappeler notre grand-mère ou les nuits d'été au bord de la mer. Elle marche, et c'est un nuage de senteurs délicates qui la suit comme une traîne invisible. Ou bien elle porte comme personne des parfums classiques : le *Numéro 5* de Chanel, *L'Heure Bleue* de Guerlain… Ou encore, elle porte quelque chose de nouveau mais qui possède un soupçon d'éternité.

La lady peut avoir le même parfum toute sa vie, comme une carte d'identité, ou en posséder plusieurs, selon les moments de la journée ou ses rendez-vous particuliers. Une chose est sûre : son parfum est délicieux, subtil, inoubliable et elle-même n'oublie jamais de le porter.

Sublimée et non décorée

Un bijou peut, à lui seul, faire oublier toute l'austérité d'une tenue. Comme le parfum, il doit être choisi. En général, il sera discret, à moins d'être ethnique et voyant ; dans ce cas, il constituera l'attrait principal de la tenue. La lady porte ses bijoux avec raffinement et ceux-ci ont une histoire. Elle portera la bague ou la broche de son aïeule, les boucles d'oreilles offertes par son époux, ou un bijou d'une matière naturelle et travaillée rapporté d'un voyage. Elle n'arborera que très exceptionnellement une parure complète (pour une soirée de gala éventuellement, et encore). Elle préférera la parcimonie et, si elle choisit des boucles d'oreilles, elle ne leur ajoutera pas un collier, un bracelet et une bague. Au contraire : porté seul, le bijou se révèle. La créatrice de bijoux Loulou de la Falaise, qui fut durant des années la muse d'Yves Saint Laurent, avait coutume de dire qu'un bijou peut suffire à arranger une tenue si l'on n'a pas le temps de se changer avant un dîner ; c'est dire l'importance de son choix et de sa qualité.

De la même manière, le maquillage de la lady est extrêmement subtil. Elle n'est pas peinte ni colorée, mais garde un teint frais et naturel, habilement sublimé par les poudres et les fards, des produits choisis eux aussi avec soin, parfaitement adaptés à sa carnation et à leur usage. N'étouffez pas votre peau sous de mauvais cosmétiques si vous ne souhaitez pas qu'elle soit abîmée prématurément. La lady se repoudre avec discrétion et conserve la même fraîcheur du lever au coucher. Dans son sac, elle possède une eau florale légère, une poudre, un pinceau et un bâton de rouge à lèvres ou un gloss plus léger.

Intelligente

Tête bien faite et tête bien pleine vont évidemment de pair chez la lady. L'intelligence d'une personne s'apprécie avant même qu'elle ait besoin de s'exprimer. La lady, par son attitude, par son sourire, son acquiescement ou sa dénégation, prouve qu'elle suit parfaitement la conversation et qu'elle la maîtrise totalement.

Cultivée

On peut être naturellement intelligente, c'est-à-dire avoir des aptitudes à apprendre et comprendre, encore faut-il mettre cela en pratique. La culture est tout autre chose, c'est un complément. Il s'agit en effet pour la lady de se tenir au courant de l'actualité, d'être capable de comprendre la crise que traverse son pays mais aussi les enjeux de telle ou telle guerre. La lady s'intéresse au monde, pas uniquement à sa personne et à son entourage proche. Elle n'est pas tenue de maîtriser toute l'actualité (et dans ce cas, elle préviendra avec humilité : « Je connais mal le dossier », plutôt que de faire croire le contraire), mais au moins se tiendra-t-elle informée d'un peu de tout afin de pouvoir suivre n'importe quelle conversation et s'y mêler avec aisance. La lady n'est pas femme à pérorer et à avoir de grandes idées sur tout, notamment des idées réactionnaires, avec pour seul but de mettre mal à l'aise son auditoire ou de se mettre en avant. Elle est bien loin de cela évidemment. La lady ne joue pas les rebelles ; si elle milite, elle le fait en toute discrétion et pas pour se donner le rôle d'une passionaria.

Si elle ne souhaite pas lire le dernier roman récompensé, au moins en lira-t-elle un résumé ou quelques lignes en diagonale pour s'en faire une idée. Si elle n'a pas suivi toute l'actualité financière des dernières semaines, au moins connaîtra-t-elle les accords majeurs qui sont en jeu et elle ne sera pas étonnée d'en entendre parler au cours d'un dîner. La lady s'intéresse à tout, sans préjugés, et respecte tous les avis, pour peu qu'ils soient honnêtes et parfaitement argumentés. Elle-même sait défendre ses propres valeurs et les expliquer sans chercher à influencer ou à convaincre.

Une orthographe irréprochable

Comme la lady aura également à s'exprimer par courrier, elle s'assurera d'avoir une orthographe irréprochable. Rédiger un mot d'excuse pour ses enfants, faire une lettre de motivation, signer un chèque ou même écrire davantage ne lui causera aucun souci. Elle ne sera pas de celles qui remplacent un mot par un autre pour faire oublier leur incapacité orthographique. De même, la lady a du vocabulaire et sait l'utiliser à bon escient, sans vouloir disserter outre mesure ou avec impertinence.

La lecture reste le moyen le plus simple et le plus agréable d'acquérir à la fois orthographe et vocabulaire. Elle permet de surcroît de se cultiver ; c'est donc un loisir dont la lady ne saurait certainement pas se priver.

L'écriture de la lady est lisible ; nul n'est besoin d'études en graphologie ou en égyptologie pour comprendre ses hiéroglyphes. Certaines ladies conservent d'ailleurs une écriture du début du siècle dernier totalement charmante. Quelques cours de calligraphie suffisent en général pour donner un caractère noble à son écriture. Écrire à la plume ou même avec un stylo imitant la plume permet de donner un cachet particulier à une lettre. Selon les circonstances, une encre de couleur mauve comme au XIXe siècle peut ajouter un trait particulier. Le bleu des mers du Sud, le rose ou toute autre fantaisie sera évidemment banni de l'encrier de la lady.

Une conversation parfaite

La lady a une voix posée, agréable, non monocorde et surtout pas affectée par ce ton ridicule et empesé que prennent certains snobs. Son débit est adapté à l'écoute (elle ne parle pas trop vite, ni trop lentement, ni trop fort, ni trop doucement) et elle articule sans exagération. La voix de la lady est le plus naturelle possible ; elle se montre particulièrement attentive, bienveillante et intéressée, et répond avec courtoisie ainsi qu'élégance. Elle a ce que l'on appelle « de la conversation », à savoir qu'elle ne parle pas pour ne rien dire, et s'enquiert toujours de son interlocuteur ; elle ne cherche pas à se mettre en avant et ne parle d'elle que si on le lui demande, toujours avec discrétion et humilité. La lady n'emploie pas de mots savants, surtout devant un auditoire simple, c'est un trait qui ne la mettrait aucunement en valeur. Inutile de préciser qu'elle n'est ni vulgaire ni grossière.

Pour dire bonjour, la lady salue convenablement (« bonjour madame, bonjour monsieur ») et ne lance pas un « bonjour messieurs-dames » ou un simple « bonjour » à la cantonade. Lorsqu'elle demande des nouvelles de quelqu'un – l'époux de son interlocutrice par exemple –, elle ne dit pas « comment va votre mari ? » mais « comment va monsieur Saint-Antoine ? », ou, si c'est un intime, « comment va Rémi ? ». En parlant de ses parents, la lady n'use pas de « papa et maman », comme s'il s'agissait de parents universels, mais de « mon père et ma mère ».

Petit rappel d'un usage qui semble de plus en plus oublié : on se nomme en dernier ; ainsi, en parlant d'une escapade à deux, la lady dira « Rémi et moi » et non « moi et Rémi ».

La lady évitera également les termes argotiques, les familiarités, les accents trop prononcés, les expressions à la mode, les lieux communs de journalistes et les anglicismes réguliers. Elle prendra soin de ne pas faire de liaisons trop cavalières et de ne pas user de mots à connotation négative (souvent péjoratifs ou ambigus). Elle parlera à chacun avec la même attention et la même distinction.

La lady, bien entendu, ne coupe pas la parole, ne monopolise pas l'attention de l'assistance et sait mettre fin avec élégance à une conversation languissante. Si on lui pose une question jugée embarrassante ou à laquelle elle ne souhaite pas répondre, elle sourit simplement et garde le silence ; elle peut aussi, face à l'insistance de son interlocuteur, répondre : « Mais pourquoi donc voulez-vous savoir cela ? », ou encore « permettez que je ne réponde pas à cette indiscrétion ». Si son interlocuteur a voulu faire un trait d'esprit et s'est tout simplement montré grossier, la lady ne relèvera pas et passera à un autre sujet.

Discrète

Nous l'avons déjà souligné, la lady est discrète et modeste. Ces deux traits de caractère la rendent particulièrement appréciée, rien en effet n'étant plus insupportable que ces prétentieuses qui épuisent leur entourage. La lady, elle, ne cherche pas à se mettre en avant, répétons-le, ce qui ne signifie aucunement qu'elle ne s'affirme pas. Au contraire, elle connaît sa valeur et n'a donc nul besoin de faire de tapage pour être remarquée.

Modeste

Vous croisez cette dame chaque jour à l'école ; elle est toujours élégante et souriante, ne se mêle pas aux groupes de commères qui hantent les grilles de l'établissement, mais les salue avec courtoisie. C'est la même dame qui accompagne les enfants d'une classe en sortie scolaire et qui prépare un cake au chocolat pour la tombola de fin d'année. Vous la croisez encore à l'équitation, où elle amène sa fille aînée, et à la chorale le samedi soir. Alors vous vous prenez à l'envier, elle qui trouve le temps de tout gérer avec le sourire, et vous l'imaginez comme une élégante du XVIIIe siècle, très gentille et différente, une sorte de mère au foyer mignonne mais qui doit passer ses journées à la cuisine ou devant sa télé, forcément. Et puis, un jour où l'école menace de fermer, vous la croisez dans les réunions et vous trouvez que finalement, elle a de la conversation. Au fil du temps et des saisons, vous découvrez que cette dame est en réalité hyperdiplômée, qu'elle gère plusieurs carrières à la fois et trouve toujours un moment, sans s'en vanter, pour ses enfants.

Vous venez de rencontrer une lady. Une femme si modeste que vous n'imaginiez pas une seule seconde toutes ses compétences, même si vous aviez déjà remarqué ses qualités.

À votre tour, si vous souhaitez être une lady, n'affichez pas vos diplômes ou votre carrière professionnelle comme première carte de visite, ce n'est pas cela qui fait votre humanité. Même si c'est une facette importante de vous-même, ce n'est pas tout et vous pourriez mettre mal à l'aise d'autres personnes en affichant votre position, soit parce que votre profession « inquiète » (psychologue, inspectrice des impôts…), soit parce que c'est un métier qui fait rêver (artiste, archéologue…), ou encore parce que votre interlocuteur ne considérera pas ce que vous faites comme un métier (mère au foyer, jardinière…).

Ce dont elle ne parle pas

La lady a de la discrétion, elle n'évoquera pas certaines choses et notamment tout ce qui est intime ou personnel. N'abordez donc pas avec elle des sujets concernant la sexualité, l'argent et même sa santé, ou alors uniquement de façon superficielle.

Si vous voulez être une lady, de même, vous n'étalerez pas votre salaire ni ne poserez des questions sur celui des autres, vous n'évoquerez pas votre dernière nuit avec votre époux, vous n'annoncerez pas que vous avez faim ou soif, vous ne lancerez pas en début de repas « bon appétit ! » et si vous êtes souffrante, vous le garderez pour vous, sauf si vous avez besoin d'en avertir les autres (vos collègues de travail par exemple) ; dans ce cas, vous aurez soin de minimiser les faits. Les autres comprendront alors le sérieux de votre état, avec d'autant plus de raisons que vous ne vous plaignez jamais habituellement.

Vous-même, si vous apprenez la maladie d'une autre personne, ne lui demanderez évidemment pas de détails, mais vous pourrez lui adresser un message de bon rétablissement et éventuellement des fleurs à son retour d'hospitalisation. C'est à ce genre de détails que la bonne éducation se reconnaît. Une quinzaine de jours plus tard, vous prendrez de ses nouvelles par politesse, en demandant si elle s'est bien rétablie, et l'autre lady vous répondra par l'affirmative évidemment, même si ce n'est pas tout à fait le cas.

La lady, au travail, allégera la tâche de sa collègue souffrante sans le lui faire remarquer ; elle proposera de garder les enfants de son amie malade, etc.

Une écoute attentive

La lady sait parler ; elle sait aussi – et surtout – écouter. Cela ne signifie pas prendre un air de compassion, hocher la tête de temps à autre pour acquiescer mais ne rien écouter en réalité. La lady écoute véritablement, elle ne se contente pas d'entendre. Ainsi, elle se souvient de ce que vous lui avez dit, ce qui lui permet de prendre des nouvelles par la suite. Quand vous rencontrez une personne, tentez déjà de retenir son nom et son prénom, et saluez-la de manière personnalisée quand vous la recroiserez. Si vous avez oublié son patronyme, ne le faites pas remarquer.

Posez des questions pour montrer votre intérêt, sans paraître curieuse pour autant. Bien entendu, si vous avez affaire à un bavard impénitent qui ne parle que de lui, vous pouvez sourire et vous excuser de devoir vous absenter ; même si vous êtes psychologue, nul ne vous oblige à écouter les autres durant des heures, surtout en dehors de votre cabinet. La lady retient toujours ce qui lui est confié d'important et sait y revenir à l'occasion suivante pour témoigner de son intérêt.

Altruiste

La lady est altruiste, c'est-à-dire qu'elle pense aux autres, à leur bien-être, à leurs besoins. Elle donne rendez-vous dans des lieux faciles d'accès ou appréciés, ne souligne pas qu'elle pense à vous mais le fait et le montre par des petits gestes quotidiens. Les paroles signifient peu, même bien dites ; seuls les actes comptent. Elle ne donne jamais l'impression qu'elle s'ennuie, mais au contraire, elle prouve son attachement et son intérêt pour la personne.

Indulgente

La lady est aussi indulgente, surtout avec celles qui ne sont pas des ladies... Elle pardonne les impairs et sourit des légères bévues sans mettre mal à l'aise. Elle comprendra si vous n'êtes pas encore comme elle (c'est son côté très assuré, sur lequel nous reviendrons) et préférera vous montrer le chemin plutôt que de vous faire des remontrances. Jamais, avec elle, vous ne vous sentirez mal à l'aise, ou bien ce ne sera pas de son fait, ou ce sera involontaire...

Avec les hommes, elle est aussi très élégante ; si un prétendant lui plaît et n'est pas encore un gentleman, elle prendra le temps de lui enseigner quelques bonnes manières. Bien sûr, malgré son altruisme, elle s'autorisera à abandonner un cas désespéré si ce dernier ne fait aucun effort. La lady est surtout indulgente avec les opiniâtres et les courageux. Elle l'est aussi avec les jeunes enfants et les personnes les plus âgées, avec les démunis en règle générale, et elle ne se montre jamais supérieure, en aucune manière.

Si vous avez commis un impair, n'ayez crainte de vous excuser auprès d'une lady. Elle acceptera d'emblée vos excuses, ne repoussera jamais quelqu'un qui revient vers elle ou lui demande son aide, et pardonnera toujours bien volontiers. Si vous-même ambitionnez d'être une lady, vous savez ce qu'il vous reste à faire.

Prévenante

La lady est cette dame qui pense à couvrir d'un édredon une personne endormie et à lui placer un oreiller sous la nuque. C'est celle qui apportera de l'eau à la petite grand-mère au repos dans le jardin. La lady laisse sa place aux femmes enceintes, aux mamans accompagnées de très jeunes enfants et aux personnes âgées, dans les transports en commun mais aussi aux caisses des supermarchés ou ailleurs.

Elle sait, quand elle invite à déjeuner ou à dîner, ce que ses invités aiment ou non et comment leur faire plaisir. Elle connaît les allergies des uns, les manies des autres, et possède un sens de l'accueil prononcé.

Elle cherche toujours à être le plus discrète possible et à ne pas déranger. Elle demande si vous avez fait bonne route et ne vous laisse pas partir de chez elle si elle vous trouve fatiguée.

Prévenante encore, la lady au travail accepte volontiers de modifier occasionnellement ses horaires pour permettre à sa collègue d'assister au spectacle de son cadet ; elle propose de rapporter un café si elle-même s'en commande un et songe à célébrer les saints du calendrier parmi son entourage. Ce dernier détail est facile à mettre en œuvre : les noms des saints sont écrits dans votre agenda. Un petit courriel, un mot déposé sur le bureau, une phrase glissée entre deux réunions et voilà une petite attention qui met du baume au cœur pour la journée.

Sûre d'elle

Tout cela ne serait sans doute pas possible sans confiance en soi. C'est une base absolue dans de nombreux domaines, qui permet de développer un charisme hors pair se révélant souvent utile et efficace.

De l'assurance

La lady a confiance en elle, elle sait qu'elle saura gérer toutes les situations. Pourquoi ? Est-ce qu'elle se croit supérieure ? Pas du tout, elle sait simplement qu'elle ira toujours au bout de ce qu'elle a commencé et qu'elle donnera le meilleur d'elle-même. Même si la tâche l'ennuie, même si parfois, elle se demande si elle est la personne la mieux indiquée pour le travail à accomplir, elle ne refuse jamais l'obstacle et vit cela comme un défi. Cette totale confiance en elle se répercute sur son entourage : on ne doute pas de ses compétences ni, lorsqu'elle s'est engagée, qu'elle terminera avec brio ce qu'on lui a confié.

Cette assurance ne se mesure pas uniquement au travail, mais également dans le quotidien. La lady sait qu'elle est à son avantage : elle a choisi la meilleure tenue pour elle et pour l'occasion, elle entretient son corps et son image, elle est irréprochable.

Travaillez donc votre confiance en vous, en vos capacités de réussite, et relevez toutes les occasions qui s'offrent à vous, sans douter, sans faillir.

La lady sait également s'imposer, c'est d'ailleurs l'une des nombreuses possibilités qu'offre la confiance en soi ; ainsi, elle sait refuser sans regrets une proposition qu'elle ne juge pas satisfaisante pour elle. Elle sait aussi rappeler poliment mais fermement à son interlocuteur qu'il ne faut pas abuser de sa gentillesse ; en un mot, elle sait parfaitement se faire respecter, sans que cela lui cause des aigreurs d'estomac ou des insomnies.

De la volonté

Une telle confiance en elle fait que la lady ne doute pas ; elle se sent capable de tout accomplir. Autant elle est altruiste et prévenante, autant elle ne compte sur personne d'autre qu'elle-même. Un gentleman ou une autre lady saura remarquer qu'elle a besoin d'aide et se proposera spontanément, sinon elle ne demandera rien. Au mieux fera-t-elle peut-être comprendre que votre aide serait la bienvenue, mais ce sera toujours avec finesse et discrétion. La lady refuse d'ailleurs le plus souvent d'être aidée, même si elle apprécie le geste. Ce qui compte le plus pour elle est qu'on le lui propose, car elle n'a pas vraiment besoin d'être aidée en réalité. Cela lui permet de vérifier la courtoisie des autres.

Elle semble ne jamais rencontrer de difficultés, ne jamais être fatiguée et, même si ses traits sont tirés, elle n'en dira rien, se rendant toujours là où l'on a besoin d'elle et accomplissant ce qu'elle doit faire sans rechigner.

Bien sûr, il arrive parfois que la lady se trompe ; elle saura alors reconnaître elle-même ses torts, sans battre sa coulpe avec exagération, et elle vous saura d'ailleurs gré de ne pas le lui faire remarquer. Son indulgence commence avec elle-même ; elle s'autorise en effet à être humaine, après tout.

Un état d'esprit

Être une lady, vous l'avez compris, est comme être un gentleman : c'est un état d'esprit, une façon d'être, une manière de vivre.

Calme

La lady est calme, c'est une autre résultante de sa confiance en elle. Comme elle ne doute pas, elle ne craint pas et n'est donc pas sujette aux angoisses, ou alors elles sont tellement maîtrisées que personne ne les remarque. La lady est cette dame qui saura dire sur le même ton calme « comme il fait bon dehors ! » et « je suis vraiment énervée par cette histoire ». Ses colères, ses humeurs ne se remarquent pas, elle n'en fait pas pâtir les autres.

Être à ses côtés est donc très agréable, son calme est reposant. Ne confondez pas calme et manque d'action, cela n'a absolument rien à voir. On peut être très calme et incroyablement productive. Pas besoin d'être une mouche du coche pour faire avancer les choses, au contraire. Le calme, c'est avant tout la maîtrise et donc la qualité d'action. Si cette quiétude semble au-dessus de vos capacités, essayez la méditation, ou au moins le repos forcé quelques minutes, au son d'une musique douce par exemple. Si vous êtes énervée par une situation et que vous craigniez de ne pas vous contrôler, quittez les lieux, isolez-vous un moment, respirez profondément et fermez les yeux. Quelques minutes peuvent suffire à recouvrer votre calme, surtout si vous vous habituez à cette pratique. Une musique relaxante dans votre téléphone peut aussi, avec des écouteurs, vous isoler momentanément du monde et du stress.

Douce

La lady est également douce, entendez par là qu'elle ne hurle pas pour se faire entendre et comprendre. Elle ne ressent pas le besoin d'écraser son adversaire par une voix violente ni par une attitude brusque et fermée. Ses gestes sont gracieux, elle est ouverte et bienveillante. Elle s'exprime, se déplace et accomplit ses tâches avec la même douceur. Si quelqu'un a de la peine, la lady sait trouver des gestes très maternels pour rassurer et consoler, sans avoir besoin de parler et sans placer l'autre dans une position inconfortable.

Souriante

Parce qu'elle est calme, douce et assurée, la lady est aussi souriante. Vous noterez qu'un visage souriant est infiniment plus avenant qu'une mine renfrognée. Le sourire engage à la sympathie et à la conversation. La lady, résolument optimiste et qui ne se plaint jamais ni ne demande de l'aide, est perpétuellement souriante. Au gré des contrariétés de la vie, on lui accordera un sourire plus ou moins large, mais au moins sera-t-elle toujours conviviale et confiante.

Vous remarquerez vite combien le fait de sourire vous attirera un nombre plus important de personnes elles-mêmes souriantes. Faites donc le test : vous êtes à vélo dans Paris, au milieu d'une circulation infernale, et vous passez devant une voiture prête à klaxonner ; retournez-vous avec votre plus beau sourire et levez la main en signe de remerciement. Le chauffeur sera totalement désarçonné par cette sympathie inhabituelle et ne pensera même plus à râler. Peut-être même sourira-t-il à son tour. Ce petit phénomène est étonnamment contagieux. De là à dire que grâce à vous, tout Paris sourira… Prenons-nous à rêver.

Charismatique

L'assurance donne également du charisme. La lady est donc charismatique, c'est-à-dire fascinante. Elle attire les autres personnes autour d'elle, on souhaite être à ses côtés pour profiter de son rayonnement solaire.

ATTIRANTE

Par son élégance, sa grâce, sa bonté et sa conversation, la lady est naturellement attirante. Et parce qu'elle en est consciente, elle attire davantage encore. C'est un cercle vertueux. Il ne s'agit pas de séduction, même si cela joue aussi ; le charisme de la lady se porte sur les hommes et sur les femmes, elle fait ce que l'on appelle « bonne impression » et même « forte impression ». Sans avoir besoin de parler, il suffit d'entrer avec assurance dans une pièce, de se poser un instant et de balayer du regard l'assemblée en souriant.

Si la lady attire autant, en sus de son charisme, c'est parce que de nombreuses personnes souhaitent soit lui ressembler, soit être vues en sa compagnie. Pourquoi les hommes de pouvoir attirent-ils davantage ? De même, avez-vous remarqué le phénomène des fans ? Certains font plus pour leur idole que pour leur propre famille. Pourquoi ? Parce que cette célébrité leur offre du rêve, les aide à vivre ou leur sert de source de motivation.

Lady Di était de ces femmes. C'est l'une des raisons pour lesquelles sa mort a suscité tant d'émotion :

beaucoup de personnes s'étaient identifiées à elle, qui incarnait la jeune fille devenue princesse et qui aidait les plus pauvres tout en montrant son côté humain (parfois trop, diront certains). Soyez donc charismatique si vous êtes une lady. Acceptez de plaire et d'attirer les autres.

Un réseau

Être l'amie d'une lady comporte un avantage : celui d'intégrer tout un réseau influent. En effet, la lady étant attirante, son carnet d'adresses est généralement bien rempli et comme beaucoup de choses fonctionnent par réseaux, il est toujours intéressant d'en intégrer un bon. Vous souhaitez être une lady ? N'hésitez pas à rencontrer du monde, à parler, à échanger des cartes de visite. On ne vous demande pas d'être amie ni même simple camarade avec la Terre entière, mais au moins d'entretenir des liens, de vous rappeler au bon souvenir de l'un et d'accepter les hommages d'un autre. Plus vous connaissez de personnes, plus facilement vous pourrez en connaître. C'est le secret des réseaux sociaux virtuels très en vogue actuellement. Vous êtes amie avec l'un, qui lui-même est ami avec un autre et ainsi, vous vous constituez tout un réseau de personnes que vous connaissez un peu et dont vous suivez l'actualité régulièrement. Nous ne parlerons pas ici des pièges inhérents à la mise en ligne de données parfois trop personnelles, mais en l'utilisant avec sagesse, vous pouvez profiter de tous les avantages du réseau.

Mystérieuse

Prenez garde cependant à ne pas tout dévoiler. Tout révéler de soi n'incite pas les autres à vous découvrir. Une personnalité, c'est un peu comme un cadeau : on a plus de plaisir encore s'il est emballé et que l'on doive passer un peu de temps à deviner ce qui se cache sous l'emballage.

Bien sous tous rapports

En surface, la lady semble « bien sous tous rapports », entendez par là qu'elle est irréprochable. On ne peut pas médire sur elle et, si on le fait, on n'est pas crédible. Toujours bien mise, la lady ne critique personne et ne donne pas sujet de critiques ou de railleries. Certes, certains fâcheux ou autres jalouses tenteront peut-être quelques attaques verbales, mais soyez assurée que ces dernières ne pourront que se retourner contre eux. En surface donc, la lady est si lisse que l'on ne voit aucune aspérité à laquelle s'accrocher.

C'est l'un des avantages qu'il y a à éviter les confidences, qui ne sont de plus jamais secrètes. Si vous vous fiez à l'un, il finira par raconter vos secrets à l'autre ; soyez donc assez maligne pour ne rien révéler sur vous et surtout, rien de compromettant. Restez fidèle à la maxime des stoïciens qui préconisaient que vous ne devez rien faire que votre ennemi ne puisse apprendre.

Toutefois, trop de netteté ennuie ce monde heureusement imparfait ; c'est pourquoi la lady pourra divulguer quelques renseignements bien choisis. Cela permet deux choses : la première est de ne pas vous enfermer dans une tour d'ivoire en voulant trop protéger votre vie intime ; la seconde, c'est que votre confident soit honoré d'apprendre quelque chose sur vous et se sente ainsi plus proche de vous.

Surprendre et intriguer

Dévoilez-en un peu mais pas trop, juste ce qu'il faut pour que cela suscite l'interrogation. Révéler que vous adorez les cornichons n'aura que peu d'intérêt ; en revanche, avouer par exemple que vous avez appris la langue des signes il y a dix ans surprendra et en même temps, attisera la curiosité : pourquoi la langue des signes ? Avez-vous dans votre entourage un malentendant ? Pourquoi il y a dix ans ? Qu'avez-vous fait depuis avec cette compétence ? Où avez-vous appris cela ? Etc.

Vous comprenez l'idée ? Il s'agit de dévoiler quelque chose qui intrigue. Évidemment, il faut que votre révélation soit vraie, mais aussi digne d'intérêt. Il n'est pas nécessaire que ce soit hors du commun, il faut juste que cela sente un peu la confidence. Par exemple, vous pouvez évoquer furtivement un souvenir : « Il fait bon ce soir, cette odeur me rappelle des moments d'enfance en Bourgogne près de ce lac. » Vous êtes originaire de Bourgogne ? Ou bien vous y alliez juste pour les vacances ? Et de quelle odeur parlez-vous ? Votre interlocuteur sera intrigué et voudra en savoir davantage. Libre à vous d'en dévoiler un peu plus ou de laisser planer encore le mystère : « C'est si lointain tout ça et je préfère ne pas en parler, c'est encore… Non, s'il vous plaît, pas ce soir. » Ce qui sous-entend : une autre fois peut-être et il y a un petit secret derrière… Mystère, mystère : c'est ce fameux suspense qui fait le succès de nombreux livres.

Point trop n'en faut

Pour autant, ne soyez pas trop mystérieuse non plus. Il ne faudrait pas que cela devienne ridicule ou pire encore, suspicieux. La rétention d'informations à l'extrême lasse ou bien inquiète, ou même encore les deux. Vous pouvez, et devez aussi, parler un peu de vous ; l'être humain est un animal social et les échanges sont bons. Si vous ne dévoilez rien, on ne vous dira plus rien non plus et on risque de vous inventer un passé, ce qui ne serait pas forcément très judicieux, vous en conviendrez. Garder le secret absolument et démesurément risque aussi de vous faire passer pour une bêcheuse et donc d'aller à contre-courant de ce que vous souhaitez.

N'oubliez pas : la lady est proche du peuple, elle est accessible mais pas trop ; elle est presque comme toutes les autres femmes. Presque, car elle se distingue. Elle n'est pas supérieure mais autre.

Son entourage apprécie de voir que la lady traverse les mêmes affres du quotidien (voire de pires) et qu'elle s'en sort dignement ; elle devient alors un modèle. La lady montre qu'elle comprend les autres, qu'elle appartient au même monde finalement. Donc parlez peu, mais sciemment.

Féminine

Pour la lady, l'élégance est de mise, le raffinement aussi, mais surtout la féminité. La lady étant une dame, il convient qu'elle porte agréablement les attributs féminins et se montre fière d'être une femme, en tout cas qu'elle n'en soit aucunement gênée.

Fière d'être femme

La lady est une véritable femme et apprécie la galanterie, qu'elle encourage et félicite. Par sa tenue, elle montre qu'elle est une dame. Elle pourra porter des pantalons bien entendu, mais uniquement si elle le souhaite et non pas parce que, travaillant dans un univers masculin, elle préfère ne pas être livrée aux quolibets. Elle ne craint pas de mettre ses charmes en avant, mais elle le fera toujours avec finesse et sans aucune provocation. Portez donc des robes, des jupes, un peu de rouge aux lèvres, tout ce qui vous distingue en somme de la masculinité. Ne craignez pas de porter des gants ou des chapeaux, osez la voilette et les tailleurs bien coupés, avec des talons confortables. La lady étant elle-même en voie de disparition, vous pourrez vous permettre des tenues que d'aucuns jugeront obsolètes, mais que vous saurez porter avec art, au point de les remettre à la mode. D'ailleurs, la mode d'une lady est parfaitement intemporelle puisque tout ce qu'elle porte, elle l'arbore avec une élégance et un maintien qui n'appartiennent qu'à elle.

Être féminine ne signifie aucunement être « girly » à l'extrême : soyez femme et non petite fille. Les tresses, queues ou autres couettes peuvent éventuellement passer si elles sont de taille raisonnable (au-delà de la dizaine de centimètres au moins). Préférez les chignons plus ou moins travaillés selon le moment de la journée ou l'occasion. Agrémentez toujours une coupe garçonne d'autres traits plus féminins. Ne jouez pas à l'homme. Vous pouvez posséder un tempérament combatif sans avoir un taux élevé de testostérone, regardez les Amazones !

Féminine et féministe à la fois

La féminité n'est pas l'opposé du féminisme ; on peut être femme, aimer ce qui est habituellement attribué à la femme (maternité, grâce, etc.) et ne pas accepter les inégalités entre les sexes. La lady s'impose naturellement là où elle veut aller. La poétesse Sapho écrivait des vers bien avant qu'Aurore Dupin ne devienne George Sand et nombre de femmes, aventurières, philosophes, scientifiques, guerrières, n'ont pas attendu la parité pour amener leurs robes et leur esprit au milieu des barbes et des costumes gris. Si elles ont troqué leurs jupons pour d'autres tenues, c'était pour des raisons de commodité et pas toujours pour se faire mieux accepter (sinon en usant un peu de ruse parfois et en sachant habilement retrouver leurs dentelles ensuite).

La lady a un but, elle s'y rend, prend le pouvoir sans attendre qu'on le lui donne et entend, par son attitude, encourager ses sœurs à suivre son exemple si elles le souhaitent. Songez à Ida Pfeiffer, géographe autrichienne des années 1800, ou à la journaliste américaine Nelly Bly, qui lança le défi de faire mieux que Phileas Fogg et qui fut correspondante de guerre durant le premier conflit mondial. Jack London aurait-il si bien écrit sans Charmian Kittredge ? Et Karen Blixen, qui nous fit rêver dans *Out of Africa*, ou encore Alexandra David-Neel…

Les féministes féminines sont bien plus nombreuses qu'on ne l'imagine. Elles ont toujours suivi leur chemin, faisant fi des conventions et sachant conserver leur liberté.

De véritables ladies, en somme.

Un modèle de savoir-vivre

La lady est un modèle de savoir-vivre. Courtoise, élégante, raffinée, elle n'ignore rien de la vie mondaine et sait tout autant recevoir avec simplicité. Elle accomplit son rôle d'épouse et de mère, si elle a choisi cette route, avec autant de brio et de sérieux que pour ses autres choix ; la lady est à l'aise dans tous les rôles. On notera cependant qu'une lady peut tout aussi bien être célibataire ou sans enfants. Tous les choix sont dans la nature.

Une mère exemplaire

Si la lady décide d'avoir des enfants, ils seront évidemment aussi irréprochables que leur mère. Ils ne seront pas une extension d'elle-même mais lui ressembleront beaucoup. En effet, comme elle maîtrisera leur éducation, même les faux pas ne seront que des expériences sur le chemin de leur apprentissage.

Les enfants de la lady n'ont pas des airs de premier de la classe et ne ressemblent pas à la famille bourgeoise caricaturale de *La Vie est un long fleuve tranquille* ; ce sont simplement des enfants à l'aise, heureux, qui se sentent soutenus et aimés par leurs parents. Souvent, il n'en faut pas davantage.

Attentive et présente

Mère présente et attentive, la lady consacre le temps nécessaire à chacun de ses enfants. Ils sont sa priorité. Elle recule donc ses réunions pour assister à leurs spectacles, surveille leurs devoirs, a leur emploi du temps collé sur le mur de la cuisine et leur apprend peu à peu l'autonomie tout en les protégeant comme il se doit.

Les professeurs la connaissent, mais aussi les enseignants des activités extrascolaires. La lady invite également d'autres enfants et organise des goûters d'anniversaire, elle parle avec les autres mamans et raconte une histoire à chacun avant de s'endormir. Même quand les enfants sont grands, en bonne maman, elle passe chaque soir dans leur chambre pour écouter l'un, embrasser l'autre, et se montre toujours disponible pour l'écoute et la confidence. Ses enfants savent qu'ils peuvent se confier sans être jugés.

La lady ne perd pas non plus son sang-froid inutilement ou trop rapidement, même dans les cas extrêmes, et il sera bon qu'elle ait un brevet de secouriste, surtout si elle est mère de plusieurs enfants intrépides. Ce n'est pas la lady qui laissera son petit partir à l'école avec de la fièvre, même si elle a un rendez-vous important, et elle ne le confiera pas non plus à une voisine pour pouvoir partir au plus vite. La lady est fière de ses enfants et elle prend leur défense d'emblée ; elle leur accorde toute sa confiance et celle-ci est méritée. Eux-mêmes, bien sûr, sont fiers de leur maman et n'en voudraient pas d'autre (au moins jusqu'à l'adolescence). Un monde idéal !

Une éducation sévère mais juste

Il n'est pas simple d'éduquer un enfant. Une mère peut avoir trois, quatre ou même six enfants et aucun ne se ressemblera, chacun aura sa personnalité propre et exigera donc une éducation particulière, personnalisée. La lady sait s'adapter à chacun et poussera ses enfants à l'excellence. Elle saura fixer des règles et un cadre de vie, avoir une certaine souplesse mais toujours de la rigueur dans son éducation. Son rôle est d'être un repère et non une amie pour ses petits. Elle n'hésitera pas à être sévère, tout en restant juste, et ne laissera passer aucun écart : mensonge, violence physique ou verbale, paresse…

La lady prend son rôle de mère très à cœur et mesure l'importance que revêt l'éducation. Parce qu'elle sera à l'écoute tout en fixant des règles de vie, parce qu'elle saura adapter avec douceur et sagesse ses mesures et toujours garder le lien avec ses enfants, ils grandiront et s'épanouiront sans trop de mal.

Une épouse respectable

Qui dit enfants dit époux, encore que cela ne soit pas forcément obligatoire. Toutefois la lady, aimant les traditions, aura souvent à cœur de se marier afin de vivre dans une union légale qui lui laissera cependant toute sa liberté. La lady n'est pas une femme que l'on peut enchaîner.

Le rendre fier

On peut sans peine imaginer que tout homme sera fier d'être aux côtés d'une femme aussi exceptionnelle que la lady, et cela d'autant plus qu'elle ne se laisse pas courtiser. Elle ne laisse même pas supposer à un autre homme qu'il a une quelconque chance avec elle. En conséquence, son époux peut être fier d'avoir à son bras une épouse convoitée et inaccessible.

L'époux aura également de nombreuses occasions d'être fier de sa femme, de l'éducation qu'elle donne à leurs enfants, mais aussi de son charisme, de son élégance et de sa conversation.

La lady ne donnera pas à d'autres l'occasion de mettre à mal son époux à cause de son comportement, quel qu'il soit. Si elle ressent le besoin de suivre sa propre route et sait que cela pourrait nuire à la réputation de son mari, elle lui en parlera et ils évoqueront peut-être la possibilité de se quitter.

Elle n'en sera pas dépendante et n'acceptera pas qu'il soit dépendant d'elle, autant sentimentalement que physiquement ou financièrement. Pour la lady, le mariage est un acte d'amour, mais c'est avant tout un partenariat où chacun doit remplir son rôle.

Le seconder

La lady seconde son mari. Au quotidien tout d'abord, et le retour est équitable. Une lady, en effet, ne peut épouser qu'un gentleman et celui-ci partage toutes les tâches avec elle ; au besoin, il en fait même davantage, son bonheur étant de la rendre heureuse. La lady le lui rend bien, en étant de bon conseil et attentive à ses humeurs, à ses rêves, ses envies, ses passions. La lady aime les hommes aussi admirables qu'elle et attendra donc du sien qu'il se réalise et non qu'il se nie.

La lady seconde également son époux dans les moments difficiles de leur vie. Elle ne met pas en doute sa parole et le croit lui, contre les autres au besoin. Son soutien est sans failles, elle ne le juge pas, ne le critique pas et, si elle le fait, c'est dans l'intimité, quand personne d'autre ne peut les entendre.

Être disponible pour lui

Si son époux le lui demande, la lady sera à ses côtés chaque fois qu'il en ressentira le besoin, que ce soit pour une raison professionnelle (l'accompagner à un dîner ou un gala) ou familiale. L'époux sait qu'il peut compter sur sa femme en toutes circonstances et réciproquement.

Une maîtresse rêvée

Malgré ou avant tout, la lady est une femme de chair et de sang. Toute irréprochable qu'elle soit, la vie étant longue et parfois surprenante, il est possible qu'elle ait un ou plusieurs amants. Cela se fait en toute discrétion, bien entendu.

Discrète

Pour diverses raisons, le couple peut traverser des périodes plus difficiles que d'autres et l'un ou l'autre des époux pourra s'échapper momentanément dans une aventure adultérine. Il est des couples qui ont rendu célèbre leurs vies parallèles, ce qui n'est sans doute pas très épanouissant sur le long terme, pour aucun des protagonistes. Jugeons que l'aventure pourra se terminer soit par un divorce et un remariage (« l'amour a ses raisons… »), soit par un retour au foyer et dans ce cas, chacun appréciera que l'adultère soit resté secret.

La lady ne s'affichera donc pas avec son amant dans un lieu public (ou à l'étranger éventuellement) ni surtout dans un endroit fréquenté par son mari ou l'un de ses proches. Elle ne révélera absolument rien d'intime ou de confidentiel à son amant et ne critiquera pas son époux. D'ailleurs, elle n'acceptera pas que l'amant lui en parle. Si un jour, elle décide de révéler à son mari sa passion parallèle, elle le fera avec dignité et sobriété, sans donner de détails sur son amant et ses qualités.

Pour toutes ces raisons, la lady aura soin de choisir un amant à sa mesure, qui saura être aussi discret qu'elle et s'éclipser tout aussi élégamment si l'amour doit se terminer.

Amoureuse

La lady saura évidemment être à la hauteur de l'attente qu'elle a suscitée. On lui accordera que, si elle se laisse charmer par un autre homme que son époux, c'est qu'elle a des raisons sérieuses de le faire et que ce n'est pas par simple luxure, vengeance ou autres prétextes. C'est bien souvent l'amour qui la guidera vers d'autres bras ; elle se comportera donc en amoureuse et non en maîtresse. Cette maîtresse rêvée, l'amant n'aura qu'une envie : l'enlever ! La lady est une véritable héroïne de contes de fées.

Digne

On ne saurait imaginer la lady et son amoureux dans un hôtel de seconde catégorie ou un motel d'autoroute. Les amants auront des règles (ne faire l'amour que si une nuit complète suit derrière, se rencontrer chaque fois dans des lieux différents ou avoir une garçonnière bien à eux…) et ils les respecteront. Ils seront toujours honnêtes l'un envers l'autre en ce qui concerne leurs sentiments et leurs ambitions, et si l'un des deux quitte l'autre, cela se fera sans fracas, sans cris, sans larmes et sans démesure.

Une amie délicate

La lady a beaucoup de connaissances et quelques amis rares. Elle n'a pas de « copains » ou de « copines », mais éventuellement des camarades et bien sûr, des collègues. À chacune de ces personnes, elle sait offrir toute son attention. Certes, les véritables amis sauront plus facilement la trouver, mais elle ne négligera pas les relations plus simples ou débutantes, ne sachant après tout jusqu'où elles peuvent mener.

Attentive

Un nez qui coule, un mouchoir trop souvent sorti, des yeux rougis… La lady remarque vite les détails révélateurs d'un véritable chagrin. Au début, elle ne s'immisce pas et feint de ne rien remarquer afin de ne pas mettre l'éplorée mal à l'aise. Si le chagrin persiste, la lady sent alors qu'elle devient impliquée et propose son aide de façon douce et légère. Elle peut s'approcher en silence et poser son bras sur l'épaule de la malheureuse, offrir un mouchoir et attendre un peu en silence avant d'oser : « Puis-je faire quelque chose ? » Elle saura ne pas insister, tout en se montrant disponible au cas où l'éplorée souhaiterait parler. Bien entendu, là encore, la discrétion est de mise. La lady n'est pas celle qui va quitter son siège et aller à la machine à café en chuchotant : « Vous avez vu ? Martine pleure ! Vous savez pourquoi ? », dans l'espoir d'obtenir un quelconque commérage. Au contraire. La lady, qui aime protéger les plus faibles, aidera la malheureuse à se cacher si elle en ressent le besoin et si on lui demande : « Alors ? Pourquoi Martine pleurait ? », elle répondra évasivement mais fermement que cela ne regarde personne.

Les larmes ne sont pas toujours nécessaires. La lady saura ainsi noter un comportement un peu différent, une petite déprime qui couve et, comme la vie ne réserve pas que des soucis, c'est encore elle qui remarquera la nouvelle coiffure, la mine réjouie ou la robe très seyante de son amie, à qui elle osera demander : « Tu n'es pas amoureuse, par hasard ? »

Une confidente

La lady s'apprête à se lever pour partir, mais voici l'éplorée qui lui attrape le bras et d'un trait, lui avoue avec un débit rapide la raison de son chagrin. La lady se rassoit et offre son écoute la plus attentive, sans jugement. Quelles que soient les révélations, elle ne se montre pas choquée, elle écoute en hochant la tête et n'apporte pas de solutions toutes faites. Quelques réponses possibles, à adapter selon les circonstances : « Qu'en penses-tu, toi ? »/« Cela te paraît une bonne solution ? »/« Es-tu heureuse ainsi ? »

Être une confidente est à la fois un cadeau et une responsabilité. Bien entendu, je vous souhaite de ne pas être porteuse d'un secret trop lourd.

Vous pourrez aussi recueillir des confidences joyeuses, une amie qui vous révèle qu'elle est tout juste enceinte ou qu'elle est sous le charme du libraire voisin… Remerciez toujours de la confiance qui vous est accordée et n'en faites pas trop par la suite en demandant tout le temps si cela va mieux. Montrez-vous attentive mais pas curieuse.

Réconfortante

Il n'est nul besoin d'être une amie pour être réconfortante. On peut réconforter un inconnu dans la rue, étreindre une personne sans abri, lui offrir un peu de chaleur et de partage humain. Les mots ne sont pas toujours nécessaires et parfois d'ailleurs, il est préférable de s'abstenir plutôt que de dire des bêtises. Un cadeau, un sourire, une étreinte sont souvent porteurs de sens et peuvent se suffire à eux-mêmes.

N'allez pas répondre à quelqu'un qui vous annonce la mort de sa grand-mère : « Elle était vieille, non ? » ou « c'est la vie ! ». Ne proposez pas à la charcutière désolée d'avoir enterré son chat d'en prendre un autre et d'oublier celui-là très vite. La lady est discrète aussi dans le réconfort qu'elle apporte. Elle n'en est pas moins présente. Elle ne donnera jamais l'impression que cela représente un effort pour elle et, pour épargner l'orgueil de son amie blessée, elle retournera la situation en se mettant elle-même en position de demande : « Veux-tu venir m'aider à la maison ce week-end pour trier mes livres ? Tu pourrais rester dormir, cela me ferait vraiment plaisir. » Une manière élégante de garder son amie à portée de tendresse.

La maison de la lady

« Nos maisons sont ce que nous sommes », dit le poète belge Julos Beaucarne, et en effet, notre maison nous ressemble, sa décoration est à notre image ou en tout cas, à celle que nous voulons montrer, ou même encore à celle que nous préférerions cacher. Certains vivent en ville dans un appartement luxueux et son emplacement leur est aussi cher que son aménagement ; d'autres ont besoin de campagne et d'espace, c'est la nature tout entière qui est leur refuge.

Propre et rangée

L'intérieur de la maison d'une lady ressemble à son état d'esprit : il est clair et organisé. On n'imagine pas une seule seconde une lady dans le désordre et la saleté. Chez elle, il est toujours possible d'arriver à l'improviste, on ne trouvera rien de déplacé ; au pire, le dérangement léger rendra la maison plus vivante, mais jamais désordonnée. Il va sans dire que ce n'est pas chez la lady que vous verrez des culottes sécher dans la cuisine ou des chaussettes traîner sous l'évier. Sa table est toujours parfaitement débarrassée et même ses vitres (détail ultime qui n'échappe à aucune ménagère) sont aussi brillantes qu'un lac suisse. La lady séduit par son organisation. Elle range son linge d'été dans de grands cartons en hiver et alterne ainsi à chaque saison. Il s'agit évidemment de beaux cartons décorés et non de vulgaires boîtes marron. La lady a le sens du détail.

Vous avez l'impression de ne jamais vous en sortir et que chez vous, tout est toujours éparpillé ? Nous avons tous tendance à accumuler des choses et des vieilleries qui encombrent les placards. Faites donc le tri régulièrement, c'est ce que l'on appelle le ménage de printemps (vous pouvez y ajouter le ménage d'automne au besoin). Triez, jetez ou apportez directement les affaires dont vous vous débarrassez à la déchetterie ou bien à Emmaüs, selon leur état, mais surtout ne stockez rien. Ne vous dites pas que vous les jetterez plus tard, vous ne le feriez jamais. Au pire, vous encombrerez votre garage et/ou votre grenier, voire vous piocherez à nouveau dans les grands sacs et votre travail aura été inutile. Jetez donc avec bonheur, débarrassez votre maison de son surplus. Vider ses placards, c'est aussi nettoyer son esprit et votre demeure sera plus facilement rangée. La lady a un petit côté « feng shui ».

Décorée avec goût

Une maison se décore avec la même élégance subtile que lorsque l'on s'habille. C'est souvent un lieu refuge, raison de plus pour s'y sentir bien et que la décoration soit simple et neutre, surtout si plusieurs personnes y vivent.

La sobriété et le classique seront les maîtres mots. Songez que les couleurs ont, dit-on, une influence sur l'humeur ; le rouge rend plus énergique (voire agressif), le bleu calme (un peu trop parfois), etc. La maison peut être ornée de plantes, de tableaux. N'en faites pas trop ; songez toujours à décorer à votre image et que le tout doit être pratique, selon votre façon de vivre. Pensez aussi que les pièces doivent s'accorder du sol au plafond et réservez les détails personnels (une peinture de vous en tenue d'Ève quand vous aviez vingt ans) pour des endroits plus secrets, où vous inviterez éventuellement quelques initiés seulement.

Les abords de la maison comptent tout autant que la demeure elle-même, alors soignez votre jardin, vos fenêtres et même votre boîte aux lettres.

Accueillante

Comment imaginez-vous la maison d'une lady ? C'est un endroit raffiné certes, mais aussi un lieu accueillant, un de ceux où l'on a plaisir à se rendre puisque tout y respire l'harmonie. On vous ouvre la porte et déjà, vous êtes charmée, vous sentez une bonne odeur de propre, le parfum de l'hôtesse ou la cuisine subtile. Vous n'osez toucher à rien tant tout vous semble joli, vous avez l'impression d'être dans un catalogue de décoration d'intérieur.

La maison de la lady ne ressemble à aucune autre, dût-elle se situer dans un lotissement. Il y aura forcément quelques détails qui la distingueront.

Et surtout, vous y êtes accueillie. Il y a toujours un nombre suffisant de chaises et de couverts ; la lady parvient chaque fois à sortir d'on ne sait où des couvertures supplémentaires pour les amis qui passent et elle surprend par son habileté à repousser les murs sans que l'on s'en aperçoive. C'est un peu une sorte de magicienne ; pourrait-on parler de fée du logis ?

Une hôtesse parfaite

Il est évident que la lady sait se révéler une hôtesse parfaite. Maîtrisant le savoir-vivre, dans une maison accueillante, elle recevra toujours avec élégance et simplicité. Mais même ainsi, quand on sort de chez elle, on se dit que c'était exceptionnel !

Rendre extraordinaire l'ordinaire

Vous rêvez d'être une lady, vous avez déjà suivi à la lettre les diverses recommandations ci-dessus et vous désirez à présent recevoir comme une lady. Devez-vous le faire de façon princière ? Absolument pas : n'oubliez pas que la simplicité et la sobriété sont vos bases. La maison est propre, rangée, vous portez une tenue élégante et adaptée à la réception (déjeuner, dîner, cocktail ou autres). Vous ne devez jamais mettre vos invités mal à l'aise, ils ne doivent pas avoir l'impression qu'ils ne pourront jamais vous rendre la pareille, alors songez à eux et à leurs attentes quand vous préparerez leur arrivée.

Présentez une vaisselle coordonnée, cela va sans dire. Pourquoi ne pas avoir un joli service en porcelaine réservé aux réceptions ? Il n'est pas nécessaire de faire grands frais, mais vous pouvez disposer d'une belle vaisselle, de verres, de couverts et d'une jolie nappe pour témoigner votre plaisir de recevoir.

Pour le repas, là encore, faites simple et prévoyez de ne pas passer tout votre temps à la cuisine. Vos invités apprécieront que vous vous soyez discrètement renseignée sur leurs goûts et leurs éventuelles allergies. Pour ne pas commettre d'impairs, vous pouvez toujours, lors d'un premier repas, proposer de la volaille (pas de problèmes pour la cuisson ni d'interdits religieux), c'est un mets traditionnel souvent très apprécié. Puisez dans les recettes du terroir, elles ont souvent un goût d'enfance qui ravit les gourmets : une poule au pot, un poulet rôti, etc. Le gibier est aussi un plat très convoité. Adaptez le vin au repas, prévoyez des portions suffisantes mais pas trop copieuses, ce qui pourrait gêner vos invités.

Surtout, n'essayez pas de faire trop fastueux ; misez tout sur la simplicité et l'élégance. Le temps passé en cuisine à préparer un repas est une forme de déclaration d'amitié et de sympathie, cela témoigne de votre bonheur de recevoir ces personnes-là en particulier. Une lady m'a un jour invitée dans sa maison de campagne. C'était l'automne, il faisait froid. Au retour d'une marche en forêt, elle a servi une soupe de légumes de son jardin, du pain qu'elle a sorti chaud du four et un fromage du fermier voisin. Ce fut un repas merveilleux et les convives étaient sous le charme de cette soirée au coin du feu, puisque tout y était : simplicité, mets de qualité, conversation et joie de recevoir de l'hôtesse.

Le plus grand mérite de la lady est peut-être de rappeler à ses convives que l'extraordinaire se cache dans l'ordinaire.

Ouvrir sa maison

Une maison est un lieu très intime et donc personnel. Ouvrir ses portes, c'est déjà dévoiler un peu de soi. On peut recevoir pour quelques heures, pour une nuit ou même davantage. Une lady est accueillante et aura à cœur de faire en sorte que ses invités se sentent aussi bien dans sa maison que s'ils étaient chez eux. Elle n'imposera donc rien, mais n'hésitera pas à dire ce qui la dérange ou pourrait l'ennuyer. Elle peut ainsi demander à ses invités de ne jamais laisser les portes ouvertes pour que le chat ne sorte pas, ou bien les prier de porter des patins sur son parquet ciré ou encore de retirer leurs chaussures sur sa moquette. Ce ne sont pas là des choses très importantes. Cela pourra amuser vos invités et ils s'y plieront de bonne grâce, surtout si vous les avez prévenus gentiment. Mieux vaut agir ainsi plutôt que de vous inquiéter durant tout leur séjour.

Soyez attentive aux besoins de vos amis : ont-ils soif, faim ? Ils n'oseront sans doute pas vous le signifier, alors anticipez. Prévoyez des serviettes de toilette pour eux et ne leur demandez pas s'ils en ont apporté ; donnez-les d'emblée. Leur poser la question « vous faut-il quelque chose ? » sous-entend qu'ils auraient dû prévoir. Même si c'est le cas, ne les placez pas dans cette situation inconfortable.

N'attendez pas que vos invités paient quoi que ce soit ! Ne commettez pas l'inélégance de les mener au supermarché dès leur arrivée. Si vous vous rendez avec eux dans une boulangerie ou ailleurs, vous paierez le tout. Vous avez la charge de vos invités durant leur séjour.

S'ils apportent quelque chose, placez-le en évidence si c'est un cadeau comme des fleurs ou une porcelaine et si c'est consommable, partagez-le durant leur temps de présence chez vous.

Pensez à des tisanes, cafés, jus de fruits, mais aussi à des liqueurs ou des vins chauds selon la saison. N'imposez rien, proposez et laissez une certaine liberté. Si vous souhaitez vous reposer, prévenez tout simplement. Et appréciez le bonheur de ces instants partagés.

Une invitée idéale

À votre tour, vous serez certainement invitée. Vous saurez vous montrer courtoise et gracieuse, à tel point que ce sera un réel plaisir de vous recevoir et que vous aurez un carnet de rendez-vous bien rempli.

POUR UN REPAS

Lorsque vous êtes invitée pour un repas, demandez l'heure du rendez-vous si cela n'a pas été précisé et arrivez quelques minutes après l'heure annoncée. Si vous êtes attendue pour 19 heures par exemple, arrivez entre 19 h 05 et 19 h 15. Pas plus tard (au cas où votre hôtesse aurait prévu un soufflé), pas plus tôt (et si elle n'était pas prête ?). Vous pourrez proposer d'apporter le dessert, le fromage, un vin ou un spiritueux, mais cela implique que vous connaissiez bien la cuisinière qui vous confiera ce qui est prévu pour le repas. Le plus simple est en général de faire porter des fleurs dans la journée ou le lendemain. Arriver avec un bouquet à la main risque de gêner votre hôtesse (il faut qu'elle trouve un vase et elle a sans doute autre chose à faire) ; le faire livrer le lendemain est un peu gênant si vous êtes invitée pour la première fois. En effet, vous voyant arriver les mains vides, votre hôtesse pourrait être déçue. En faisant porter un bouquet dans la journée, vous êtes certaine de lui faire grand plaisir et de la surprendre agréablement.

En arrivant, ne demandez pas où vous pouvez mettre votre manteau, gardez-le dans vos mains si personne ne songe à vous le prendre ; on finira bien par se rendre compte que vous êtes gênée. Enfin, félicitez pour le repas, l'accueil, la décoration… Vous trouverez forcément un point positif et notable durant cette réception. Pensez que votre hôtesse s'est certainement donné un peu de mal pour que tout soit parfait ; il est important de la féliciter et de l'encourager.

Prenez soin de quitter vos hôtes avant qu'ils s'ennuient ou s'endorment, mais pas trop tôt tout de même, cela donnerait l'impression que vous avez hâte de partir.

Pour une nuit

Si vous êtes invitée pour une nuit, c'est le même principe. N'imposez rien, remerciez, ne voyez que le bon côté des choses et ne soyez pas une contrainte. Montrez votre joie d'être reçue.

Apportez votre linge de toilette, faites votre lit le matin, ne retirez pas vos draps quand vous partez (la maîtresse de maison n'a peut-être pas envie que vous voyiez son sommier) et laissez les lieux propres derrière vous. Vous ne viderez pas le ballon d'eau chaude et ne resterez pas des heures dans la salle de bains. Ne soyez ni bruyante ni exigeante et laissez un peu vos hôtes seuls un moment, pour ne pas leur imposer votre présence en permanence.

Si vous êtes matinale et levée la première, vous pouvez laver la vaisselle de la veille au soir par exemple, et surtout vous rendre à la boulangerie la plus proche pour rapporter des croissants chauds. Votre présence doit être discrète et joviale, votre visite paraître si agréable à vos hôtes qu'ils n'auront pas envie de vous voir partir et qu'ils auront hâte de vous recevoir à nouveau.

Une règle valable pour beaucoup de choses : partez avant de lasser. Mieux vaut écourter un séjour et se séparer avec des regrets que se quitter en pensant : « Enfin ! »

Remercier, décliner

Remerciez toujours d'une invitation, le jour même ou le lendemain. Dans le cas d'une invitation pour un séjour, apportez un panier garni de votre région par exemple et/ou laissez un petit souvenir dans votre chambre. Vous prendrez soin également de remercier à nouveau quelques jours plus tard, par téléphone ou lettre manuscrite. Ne laissez pas vos amis trop longtemps sans nouvelles, profitez des fêtes et de la nouvelle année pour vous rappeler à leur bon souvenir par exemple.

Invitez à votre tour ; il ne faudrait pas que ce soit toujours vos amis qui vous reçoivent. Et si vous ne pouvez accepter une invitation, déclinez-la avec politesse, en précisant que vous vous êtes déjà engagée ailleurs par exemple. Si vous déclinez plus de deux fois de suite une invitation sans que vous ne la renouveliez de votre côté, sachez que l'on pourrait vous en tenir rigueur. Restez donc vigilante afin de garder au mieux vos amis.

Au téléphone

Difficile aujourd'hui d'échapper au téléphone. S'il était rare autrefois et que, voilà quelques années encore, la plupart des personnes devaient utiliser des cabines dans la rue ou à la poste, aujourd'hui, presque tout le monde possède un mobile et peut être joint à peu près partout sur la planète. L'outil est devenu tellement habituel que l'on n'hésite pas à appeler pour la moindre chose, comme si l'on pouvait être disponible à tout instant. La lady sait user de la merveilleuse technologie du téléphone sans en abuser et elle n'en est pas l'esclave non plus.

Se présenter

Lorsque vous appelez quelqu'un, songez immédiatement à vous annoncer : « Bonjour, je suis madame Saint-Antoine. Pourrais-je parler à mademoiselle Pims s'il vous plaît ? » Vous pouvez aussi, éventuellement, évoquer les raisons de votre appel, bien que cela soit surtout valable pour les échanges professionnels. Même si vous appelez une amie, prenez bien soin de vous présenter : « Bonjour Margot, ici Eugénie, je ne te dérange pas ? » Notez que dans cette dernière phrase, vous vous assurez d'abord d'avoir la bonne personne au bout du fil ; ensuite, vous vous présentez, puis vous demandez si vous ne dérangez pas, ce qui est absolument nécessaire.

Si vous-même êtes appelée, vous pouvez vous nommer ; c'est indispensable en entreprise, surtout si vous êtes plusieurs dans le bureau, et cela épargnera à votre interlocuteur de demander : « Euh… qui est à l'appareil ? » Un simple « Eugénie Saint-Antoine, bonjour/je vous écoute » peut suffire. Certaines personnes gardent cette habitude dans leur foyer ; pourquoi pas, surtout si vous êtes nombreux ? S'il peut être intéressant d'apprendre à ses jeunes enfants à se présenter, sachez que c'est tout de même très fastidieux pour vos amis qui savent pertinemment qu'ils appellent chez vous. D'une manière générale, il est préférable que les jeunes enfants ne répondent pas au téléphone. Quand viendra le moment, vous leur apprendrez à le faire de façon correcte, en notant le nom de l'interlocuteur, la raison de son appel et un numéro où le joindre.

Enfin, si vous êtes absente ou pas disponible, laissez sur votre répondeur un message qui vous ressemble tout en étant assez neutre, c'est-à-dire pouvant s'adapter aussi bien à un ami qu'à un collègue de travail ou un inconnu. Ne soyez pas trop familière ni trop longue. Si vous vous engagez, dans votre message, à répondre à la personne… faites-le !

« Bonjour, vous êtes en liaison avec la messagerie d'Eugénie Saint-Antoine. Je ne peux pas vous répondre pour le moment. Vous pouvez me laisser vos coordonnées et la raison de votre appel et je vous rappellerai dès que possible. »

Si vous répondez au téléphone et que l'on vous demande quelqu'un, dites d'abord que la personne n'est pas là ou pas disponible (ne donnez pas de détails), avant de demander qui est à l'appareil. Ne donnez pas à votre interlocuteur l'impression qu'il est indésirable !

« Bonjour, je voudrais parler à Rémi.

– Rémi n'est pas disponible pour le moment, puis-je prendre un message ?

– Ce n'est pas la peine, je le rappellerai.

– Très bien, je le préviendrai de votre appel. Pouvez-vous me rappeler votre nom s'il vous plaît ? »

Quand appeler et pourquoi ?

Les forfaits illimités ont saturé les lignes téléphoniques et aujourd'hui, on n'hésite plus à appeler pour la plus futile des raisons. Pourquoi pas, si votre interlocuteur apprécie lui aussi ? Songez cependant que répondre au téléphone nécessite un certain temps, ce que votre interlocuteur n'a peut-être pas.

Le téléphone est une intrusion dans la vie des autres. Si vous appelez sur un appareil fixe, vous savez que la personne est chez elle, mais est-elle disponible pour autant ? Elle peut être à la cuisine, sous la douche, dans le jardin, elle peut écouter de la musique, regarder un film, parler avec la voisine, se disputer avec son mari, travailler aussi, et le téléphone est susceptible de la déranger. Sur un mobile, c'est encore plus dérangeant : vous appelez peut-être quelqu'un qui est à la bibliothèque, à la piscine, en pleine réunion ou au supermarché, en voiture ou en vacances, etc.

Pour toutes ces raisons, la lady appelle à bon escient. En général, on le fait durant les heures dites « de bureau », entre 9 heures et 18 heures. Si vous appelez votre famille ou vos amis, vous pouvez vous permettre de les joindre jusqu'à 20 heures. De toutes les façons, vous leur demanderez bien si vous ne les dérangez pas et vous n'hésiterez pas à vous enquérir de l'heure jusqu'à laquelle vous pouvez téléphoner. Aujourd'hui, grâce aux SMS, il est aussi possible d'envoyer un texto pour demander l'autorisation d'appeler. Cela permet de ne pas réveiller une personne qui s'est endormie avant d'avoir éteint son mobile par exemple.

La lady sait en tout cas ne pas insister. Au bout de quelques sonneries, elle laisse un message et ne rappelle pas ; elle attend qu'on la rappelle.

Et si vous n'aimez pas être appelée ?

Une dame me confiait un jour qu'elle était exaspérée que sa voisine l'appelle tous les soirs vers 21 heures. Je lui ai demandé si elle le lui avait dit et elle m'a répondu : « Impossible, ce serait très inconvenant de ma part ! » Alors je l'ai interrogée : « Pourquoi répondez-vous donc au téléphone si cela vous ennuie ? » La question l'a surprise et pourtant… Pourquoi répondez-vous au téléphone si cela vous dérange à ce moment précis ? Êtes-vous tenue de répondre absolument à toutes les sollicitations ? Si vous êtes dans votre bain, allez-vous courir, à demi nue et ruisselante, pour répondre à un inconnu ou à un gêneur ? Si c'est urgent, la personne rappellera ou laissera un message et vous-même pourrez fort bien rappeler plus tard. Vous n'êtes pas l'esclave du téléphone.

Une lady de mon entourage n'apprécie pas le téléphone. Elle reconnaît sa technologie, mais souffre d'un léger souci à l'oreille qui rend tout bruit pénible et lui laisse entendre très mal son interlocuteur. Elle pourrait faire répéter la personne plusieurs fois, mais c'est lassant pour elle et pour celui qui appelle ; elle pourrait aussi essayer de comprendre ce qu'on lui dit en saisissant des bribes et cela fonctionnerait sans doute un moment, mais c'est aussi source d'erreurs parfois très gênantes ; elle pourrait enfin prévenir ses interlocuteurs qu'elle préfère l'écrit à l'oral. Et c'est ce qu'elle fait ! Aujourd'hui, nous avons le choix d'être joint par la voix, avec le téléphone, ou par écrit, toujours grâce au téléphone ; c'est un luxe dont la lady moderne aurait tort de se priver. Le texto a l'immense avantage de ne pas déranger, de pouvoir être lu quand la personne le souhaite et relu pour qu'elle soit bien certaine de le comprendre ; on peut donc en user à loisir sans gêner qui que ce soit.

Enfin, rassurez-vous si vous n'aimez pas le téléphone : les ladies et gentlemen à qui vous le confierez comprendront vite et ne vous obligeront pas à révéler vos secrets. La lady a aussi parfois de petites manies.

Une autre règle élémentaire de savoir-vivre : penser à éteindre son téléphone portable. Vous l'éteindrez (ou éventuellement le mettrez sous vibreur en cas d'urgence) au restaurant, au théâtre, au musée, dans le train, etc., et surtout lorsque vous discutez avec une autre personne. Si vraiment vous devez répondre, priez que l'on vous excuse, éloignez-vous un peu et parlez à voix basse pour ne pas déranger. Ne donnez pas l'impression à la personne qui vous accompagne que vous ne souhaitez pas lui faire entendre votre conversation, mais bien que vous faites en sorte de ne pas l'importuner par cet appel.

La correspondance

Le téléphone n'a malgré tout pas remplacé le courrier. Qu'il soit manuscrit ou tapuscrit, le message écrit reste un indispensable au quotidien, avec quelques codes et toujours beaucoup de bienséance.

La lettre à l'ancienne

Le courrier posté est souvent réservé au domaine administratif ou professionnel, mais l'on peut encore écrire à la main, dans certaines circonstances. On se doit même de le faire parfois. Remercier d'une invitation, soutenir lors d'un deuil, déclarer son amour… sont autant d'occasions où les lettres tracées avec une plume apporteront un peu de soi et beaucoup de cachet. Rien n'est anodin alors car en écrivant, vous vous révélez.

Quel papier allez-vous choisir ? Évitez celui que vous utilisez pour votre imprimante, à moins que son grammage soit important (supérieur à 90), car il est trop fin et presque transparent ; il est de surcroît peu agréable pour la plume (il accroche). Optez donc pour un papier de qualité, blanc de préférence, sinon de couleur crème, éventuellement avec un filigrane léger, mais privilégiez la simplicité. L'enveloppe sera assortie à la feuille. Elle peut être de format classique (160 × 115 mm), dans lequel on plie la lettre en quatre, ou américain (230 × 115 mm), où l'on plie la lettre en trois, en s'assurant que le correspondant puisse voir qui lui écrit dès qu'il l'ouvre. Si vous écrivez sur une carte de visite (le format classique est 125 × 80 mm), l'enveloppe sera doublée. Prenez soin d'écrire l'adresse très lisiblement et d'affranchir correctement votre courrier. Opter pour un timbre de collection ne coûte pas plus cher et offre un cachet particulier à votre enveloppe ; même si vous n'écrivez pas à un philatéliste, c'est un détail très agréable.

Vous noterez vos coordonnées au dos de l'enveloppe ou sur le devant, en haut à gauche, selon la taille. Autrefois, on jugeait cela assez malséant, arguant que cela supposait l'attente d'une réponse ; songez toutefois que votre courrier peut se perdre – cela arrive encore – ou que votre correspondant a pu déménager. Enfin, si ce dernier souhaite effectivement vous répondre, cela lui épargnera de rechercher votre adresse ou de se tromper.

Votre écriture sera lisible (elle le sera d'autant plus avec un stylo de bonne qualité et une encre sobre, noire ou bleue, éventuellement violet foncé) et votre orthographe irréprochable. Les erreurs d'inattention sont pardonnables dans un très long courrier (et encore), mais elles portent atteinte à votre image. Si vous le pouvez, faites-vous relire ; le cerveau enregistre parfois les mots dans leur globalité et ne relève pas la faute sitôt après l'écriture. Si vous avez fait une erreur et que la correction soit visible, il faut recommencer votre courrier : ratures, pâtés et blanc correcteur ne sont pas admis.

Soyez concise et allez à l'essentiel si vous écrivez à une administration, chaleureuse quand vous vous adressez à un proche. Répondez toujours aux courriers qui vous ont été envoyés, dans les vingt-quatre heures si c'est un événement important (naissance, deuil) ou une invitation à un repas, dans la semaine si cela fait suite à un séjour, sinon dans les quinze jours si c'est amical. Si vous recevez vous-même une lettre de remerciement, bien sûr, vous n'y répondrez pas à votre tour, sinon ce serait sans fin.

Dans tous les cas, vous n'oublierez pas la formule de politesse : « Je t'embrasse » si vous écrivez à votre tante et plutôt « je vous prie d'agréer, Madame Dumoulin, mes salutations distinguées » si vous écrivez à votre banquière. Évitez l'inverse.

Le courrier virtuel

La lady s'adapte à toutes les situations et suit également son époque. Difficile d'échapper, donc, aux courriers virtuels. Qu'il s'agisse de SMS, de courriels, de correspondance sur les forums ou les chats, la même courtoisie s'impose : on parle de « netiquette » (l'étiquette sur le Net). Les mêmes règles s'appliquent donc dans le virtuel et le réel : politesse, orthographe, salutations, délai de réponse.

Ce n'est pas parce que vous adressez un message instantané qu'il sera lu et traité instantanément. Votre correspondant n'est pas forcément devant son écran et même si c'est le cas, il reçoit aussi d'autres messages et ne peut pas toujours vous répondre d'emblée.

Une base à retenir : tout ce qui transite par Internet peut être lu par d'autres, attention donc à ce que vous envoyez. Soyez encore plus vigilante si vous déposez des messages sur un forum ou un site quelconque, car vous risquez de pouvoir vous relire encore des années plus tard. Préférez donc un pseudonyme ou un avatar, cela empêchera que votre patron qui tapera votre nom dans Google tombe sur vos discussions d'adolescence.

N'écrivez pas avec des majuscules : dans le code d'Internet, cela signifie que vous criez (voire hurlez). N'utilisez pas le langage SMS non plus. Un peu d'élégance, même virtuelle, est toujours plaisant. Vous pouvez utiliser des émoticônes (les Anglo-Saxons disent « smileys »), cela permet d'alléger votre propos. Quand on est trop concis sur le Net, on peut être mal compris, d'où l'intérêt de ces petits visages expressifs réalisés avec des signes de ponctuation. N'en abusez pas pour autant.

Évitez les fichiers trop lourds, surtout si vous les envoyez dans certains pays où le débit n'a pas la même puissance, et avant d'adresser des pièces jointes à des inconnus (pour le travail par exemple), demandez l'autorisation, cela évitera qu'elles se retrouvent dans les spams, c'est-à-dire les courriels indésirables.

Pensez aussi à donner un titre (objet) à votre message ; si votre correspondant reçoit beaucoup de courriels, cela lui facilitera la tâche. L'objet résume tout simplement votre message. Cela pourra être aussi simple que « recette clafoutis Eugénie » ou « invitation 8 décembre », mais si vous écrivez pour le travail, évitez la seule mention « CV » ou « candidature » ; soyez plus précise car votre correspondant est susceptible de recevoir un nombre important de messages avec un tel objet. Bien titrer vous permettra de mieux classer et donc mieux vous y retrouver.

Ce petit plus que les autres n'ont pas

La lady ne ressemble à personne ; il n'y a d'ailleurs pas un seul type de ladies, mais plusieurs, même si ces dames possèdent des points communs. Elles ont avant tout un charme inexplicable et cette grâce qui les fait paraître traverser la vie avec fluidité malgré toutes les difficultés.

Digne dans l'adversité

Pas une personne n'est exempte d'épreuves au cours de sa vie. Certes, certains semblent cumuler tant de difficultés que l'on se demande comment ils parviennent encore à tenir debout, tandis que d'autres ont l'air de toujours aller parfaitement bien et nous paraissent chanceux. En fait, il est bien difficile de savoir ce que chacun vit dans le secret de sa chaumière et l'impact que tel ou tel autre événement peut avoir sur lui.

Ni cris ni larmes

La lady, comme tout le monde, traverse des moments difficiles, parfois terribles même. Là où certains se mettraient à hurler, pleurer et gémir, la lady est une femme digne dans l'adversité, droite, qui reçoit l'épreuve comme une gifle et ne s'effondre pas. Est-elle d'une constitution particulière ? Elle semble comme ce roseau dans la tempête qui plie mais ne rompt pas. Tout juste s'accorde-t-elle le droit de pleurer un peu en silence ou de se retirer quelque temps pour accepter une mauvaise nouvelle, avant de reprendre courage au point parfois d'être celle qui rassure les autres sur son propre sort.

N'allez pas croire qu'elle ne souffre pas, c'est tout simplement qu'elle ne le montre pas. Ne pensez pas qu'elle nie l'épreuve ou qu'elle la rejette ; elle l'accepte et sait qu'elle finira par la dépasser.

Que faire, à votre tour, devant une épreuve ? Bien sûr, c'est toujours plus facile à écrire qu'à faire et toutes les difficultés ne se ressemblent pas, mais gémir des jours durant ne sera pas efficace. Vous pouvez crier ou pleurer pour expulser la douleur, mais vous n'êtes pas obligée d'avoir des spectateurs pour cela. Vous pouvez partager ce qui vous arrive, mais ce sera pour que l'on vous laisse tranquille, pas pour que l'on vous plaigne. Songez aussi que vous ne connaissez pas toujours les malheurs des autres ; vous pourriez ainsi gémir pour un souci qui vous semble grave, alors que la personne en face de vous souffre d'un mal terrible en silence.

Des chagrins discrets

La lady reste discrète sur ses chagrins ; elle n'en parle qu'en cas d'absolue nécessité, ne se montre jamais dépressive et suicidaire au point que plus personne n'ose lui demander un simple « ça va ? ». Face à une lady, restez donc discrète vous aussi, en ne l'interrogeant pas chaque fois sur ce qu'elle traverse ; vous n'avez pas à savoir d'autres détails que ceux qu'elle consent à vous donner. Et si vous êtes vous-même une lady, vous ne vous épancherez pas sur ce que vous vivez. Bien entendu, cela ne concerne pas ceux qui vous sont le plus proches et qui pourront parfois vous voir vous effondrer, mais la lady reste forte dans l'adversité.

Un modèle de courage et d'espoir

La lady est aussi celle qui insuffle de l'espoir aux autres ; elle est le témoignage que l'on peut dépasser le chagrin et se remettre de tout. Avez-vous vu ces femmes qui survivent aux guerres, qui enterrent leur mari, leurs fils et restent dignes ? Peut-on imaginer drame plus grand ? Elles survivent pourtant et sont des ladies. Elles sont des modèles sur lesquels nous pouvons porter notre admiration. Le nombre de malheurs dans une vie ne suffit pas à prouver la valeur, vous n'avez donc pas besoin de dire que vous aussi, vous souffrez. Tout le monde souffre à un moment ou un autre de son existence. Certains se complaisent dans le malheur, la lady se relève et suit son chemin.

Adaptable à toutes les situations

La lady paraît supérieure en bien des points de son caractère ; pour autant, elle n'a aucun sentiment de supériorité sociale. En conséquence, elle s'adapte à tout environnement et à tout type de société.

Emmenez-la à la campagne et elle chaussera avec bonheur des bottes pour arpenter les forêts et se réjouir de ses joues rougies par le vent. Demandez lui de vous suivre en ville et, dans ses escarpins, elle sera capable de sillonner les plus beaux marbres, superbement apprêtée et d'une élégance rare.

La lady s'adapte à tout climat et toute ambiance. Elle est joyeuse lors des fêtes et sérieuse en réunion ; elle a toujours le comportement adapté et le bon mot, comme le silence de référence. Elle est capable de parler avec le même naturel à un pêcheur comme à un scientifique. Elle ne se force pas : elle est simple, humaine, en toutes circonstances.

Humble

La lady n'a évidemment pas une once d'arrogance, elle est au contraire d'une véritable humilité et d'une écoute à toute épreuve.

Son métier n'est pas tout

On ne connaît pas toujours le métier qu'exerce la lady, tout simplement parce qu'elle n'en parle pas en permanence. Sa réalisation en tant qu'être humain ne transite pas uniquement par sa profession, elle le sait et heureusement, sinon que lui resterait-il à l'âge de la retraite ?

La lady possède souvent une forte spiritualité, pas forcément religieuse, entendons-nous bien, plutôt une force de caractère et une foi en un idéal, et elle peut alors s'adonner avec passion à cet idéal, qu'il soit politique, humanitaire, culturel, social ou encore familial. Cela peut aussi être une soif de liberté ou de connaissance. La lady ne se contente pas de vivre, elle participe à la vie et en profite avec bonheur.

Discrète sur ses exploits

A-t-elle escaladé le mont Blanc ? Est-elle capitaine de navire, nomade aguerrie ou ultradiplômée ? On découvre souvent ses compétences par inadvertance ou par l'intermédiaire d'un proche. Ce n'est pas elle qui mettra en avant ses péripéties ou ses expériences, non seulement en vertu de l'humilité dont nous avons plusieurs fois parlé, mais aussi parce que ce qui paraîtrait extraordinaire à d'autres est pour elle le quotidien, rien d'extravagant ou de notable. Elle n'accomplit pas les choses pour pouvoir s'en vanter, mais parce qu'elle a besoin de se réaliser ainsi.

Et vous, quel est votre exploit ? Qu'avez-vous déjà fait, qu'avez-vous envie de faire ? La lady ne laisse pas la vie prendre le pas sur elle et sur ses projets, elle prend les devants. On ne verra jamais une vieille lady pétrie de regrets au soir de sa vie. Peut-être aura-t-elle tout au plus quelques remords, et encore. Mais elle arborera un beau sourire aux lèvres, car elle aura vécu tout ce qu'elle avait à vivre. Alors sautez le pas si vous ne l'avez pas encore fait, ou bien sautez-en un autre. La vie est brève et le bonheur à portée de main.

Parfaite en voyage

Aimez-vous voyager ? Seule ou accompagnée, la lady promène son élégance d'un bout à l'autre de la planète avec la même assurance, qu'elle soit dans le désert ou sur le macadam de New York. L'image de la lady est un peu celle de la dame du début du siècle dernier : parfaitement habillée, coiffée et chaussée quelle que soit la température extérieure.

Mais comment fait-elle pour que son Rimmel ne coule pas sur son fond de teint ? Elle possède le matériel adéquat, se repoudre discrètement lorsqu'il fait plus de vingt degrés et ne laisse pas ses lèvres se gercer quand le thermomètre affiche moins de zéro.

Dans les transports

La lady maîtrise les transports en commun. Si elle ne connaît pas par cœur les différentes stations ou les arrêts, elle a les horaires dans son sac à main ou son mobile. Elle laisse sa place aux personnes âgées et aux femmes enceintes, ne paraît pas s'ennuyer, lit le plus souvent ou semble entrer dans son monde intérieur. Ce n'est évidemment pas la lady qui sortira un casse-croûte au thon dans un compartiment de train, même s'il est plus de midi. Si elle doit manger, ce sera à l'endroit adapté, sans chercher à prendre la place de quelqu'un d'autre pour aller plus vite. La lady ne tente pas non plus de resquiller sur son billet de train, de bus ou de métro. Aucune lady ne saute les barrières pour éviter d'acheter un ticket. Elle ne court pas, essoufflée, pour arrêter le bus, mais attend sagement le prochain. Elle maîtrise parfaitement le temps et c'est cela qui la rend si sage en avion, même durant les vols long-courriers. Elle maîtrise aussi son corps et ne dérange pas son voisin toutes les dix minutes pour aller se laver les mains. La lady sort de l'avion ou de tout trajet un peu long avec fraîcheur. Dans son sac magique, elle emporte en effet le nécessaire, du brumisateur à l'eau parfumée pour se refaire une beauté avant l'arrivée. En avion, elle n'hésite pas à oindre son visage pour supporter le dessèchement dans la cabine. Un peu de gloss, un coup de brosse et voilà la lady toujours impeccable.

La lady n'hésite pas non plus à partager son taxi, qu'elle aura arrêté d'un discret mouvement de la main et non d'un sifflement de cow-boy. À la fin de la course, elle ne mégote pas sur la monnaie.

En voiture, elle est aussi un modèle de courtoisie, respecte les limitations de vitesse et garde son calme en toutes circonstances. La voiture de la lady est d'ailleurs à son image, tout comme sa maison : propre et fraîche. Pas de papiers qui traînent, de boue ou de feuilles qui s'amoncellent, pas d'objets quelconques pendant du rétroviseur ni de taches suspectes sur les sièges. Les vitres sont propres et le coffre est fonctionnel (mouchoirs, sachets plastiques pour d'éventuels déchets, cartons pour les courses, lingettes désinfectantes et matériel de dépannage). La lady prévoit l'imprévisible afin de ne jamais être prise au dépourvu, c'est là une de ses grandes qualités.

De bonne compagnie

Cultivée et agréable, la lady est évidemment une compagne idéale en voyage. Comment faire pour lui ressembler ? C'est assez simple : renseignez-vous sur l'endroit où vous allez (climat, population, visites à ne pas manquer, etc.). Cela vous permettra avant tout de prévoir la garde-robe adaptée et un emploi du temps possible afin de profiter pleinement de votre séjour. Vous pouvez aussi lire des guides de voyage, comme les *Guides Bleus* par exemple, non pas pour jouer les puits de science mais pour ne rien manquer de l'intérêt des villes que vous visiterez.

Si vous accompagnez quelqu'un en voyage, décidez ensemble ce que vous pourriez faire ; prévoyez aussi des moments de solitude, mais n'abandonnez pas votre compagnon avec un simple « à plus tard », sans dire où vous allez ni quand vous rentrerez. On doit pouvoir compter sur vous en voyage aussi.

Si vous êtes à l'étranger, vous vous renseignerez sur les mœurs du pays afin de ne froisser personne (nous évoquerons ce sujet un peu plus loin). Si en plus, vous en parlez la langue, c'est évidemment un atout précieux pour vous mêler à la population, car un pays possède des habitants et pas seulement des lieux touristiques à visiter ; cela, la lady le sait parfaitement. N'hésitez pas dans ce cas à aider des touristes moins polyglottes que vous.

Secouriste

Obtenir un brevet de secouriste prend très peu de temps dans une vie et permet de faire face à de nombreuses situations malencontreuses. Et puis, qui sait, vous pourriez peut-être vous retrouver à devoir faire du bouche-à-bouche à un jeune homme charmant. La lady n'en est pas moins femme !

Selon les endroits où vous vous trouvez, vous pouvez avoir dans votre sac un Aspivenin, un flacon d'huile essentielle de citronnelle (pour repousser les moustiques) et un autre de lavande (pour apaiser), quelques pansements, des mouchoirs en papier et une bouteille d'eau. Contre le mal de mer, des granules d'homéopathie vous feront passer pour une magicienne auprès d'autres passagers moins organisés, lors d'un voyage en bateau un peu houleux, par exemple.

Les bagages

La lady voyage avec élégance, c'est acquis, et quoi de plus élégant qu'une ligne de bagages assortis (et solides) ? Investir dans de beaux bagages, durables et de qualité, fait toute la différence. Et puis vous les identifierez plus vite sur le tapis roulant où valsent des valises noires presque identiques.

Chacun de vos bagages aura une étiquette à votre nom. Privilégiez les étiquettes solides (en cuir par exemple) à ajouter vous-même ; elles seront évidemment plus résistantes que celles en papier distribuées dans les gares et les aéroports. À noter que certaines valises comprennent un emplacement pour noter l'adresse. Fermez la vôtre avec un petit cadenas ou un code ; en cas de perte ou d'échange de valises, vous apprécierez que personne ne puisse avoir vue sur vos dentelles. Si tous vos bagages sont noirs, ajoutez-y un joli tissu coloré, un peu à la manière d'un foulard, le même sur chaque valise ; vous apercevrez ainsi du premier coup d'œil vos affaires.

Ne vous encombrez pas trop pour autant et évitez les valises trop volumineuses que vous ne pourrez pas porter toute seule ; la lady ne compte pas d'emblée sur un gentleman pour l'aider.

Organisée

Comment gérer de multiples activités (une vie de famille, une vie professionnelle, des loisirs) et toujours tenir parole ? En étant extrêmement organisée bien sûr, comme toute lady.

Chaque chose à sa place

Chez la lady, chaque chose est à sa place et tout est parfaitement organisé, rangé. Si elle vous parle d'un ouvrage, elle est capable de vous le retrouver dans la minute et de vous le prêter. Dans sa cuisine, ses placards sont un miracle d'équilibre et tout, de son sac à main à sa voiture, en passant par son meuble à chaussures, est dans un ordre adapté.

La lady ne s'embarrasse pas du superflu, elle jette, donne ou vend ce dont elle ne se sert plus et ne garde que l'essentiel ; elle est ainsi assurée de ne pas s'encombrer inutilement et gagne un temps précieux. Avez-vous remarqué le temps que l'on perd à chercher quelque chose ? Et que dire des cartons qui s'accumulent souvent inutilement dans les placards, garages ou greniers ? Triez, jetez et remplacez ce qui est trop vieux ou trop usé.

Multiactivité

Pas de sédentarité pour la lady, même âgée. « Un esprit sain dans un corps qui l'est encore plus », voilà sa maxime. Jeune, elle fait du sport ; le temps passant, elle se contente de marche ou de jardinage. Elle nourrit aussi son esprit, par des livres, des magazines, et se tient informée de tout. La lady cuisine ; il n'est rien qu'elle ne sache faire et si elle ne le sait pas, au moins essaie-t-elle.

Une seule parole

Elle a promis de venir vous aider à trier votre bibliothèque le mois prochain et vous n'osez pas le lui rappeler ? Rassurez-vous, elle sera là le jour et l'heure dits ; il est même fort probable qu'elle-même vous confirme le rendez-vous la veille ou l'avant-veille, car la lady n'a qu'une parole et elle la tient.

Avec sa belle-mère

La plupart des femmes sont en froid avec leur belle-mère ou ont beaucoup de mal à la supporter. Cela ne vient pas d'elles, mais de la mère de leur époux assurément. Pourtant, à en croire certaines, il est possible de s'entendre avec sa belle-mère et même de tisser des liens solides. Mais comment font-elles ? Ce sont des ladies, évidemment.

Compréhensive

La lady est compréhensive. En conséquence, elle sait que devenir une belle-mère n'est pas un moment facile et que la mère de son époux vit une nouvelle étape de sa vie, où elle doit apprendre à se situer. L'époux a sans doute longtemps été le petit chéri de sa maman et il n'est pas facile, pour cette dernière, d'admettre qu'elle n'a plus la place d'honneur dans son cœur. Il y a peut-être aussi un peu de jalousie, de mal-être. La lady sait cela, elle l'accepte et attend que le temps fasse son œuvre.

Par ailleurs, la lady sait aussi qu'un jour, elle pourrait bien devenir belle-mère à son tour et, pour peu qu'elle croie aux vertus des lois karmiques ou de la roue de la vie qui tourne, elle se dit qu'il est préférable qu'elle soit le plus compréhensive possible, afin d'être comprise à son tour quand viendra le moment et d'hériter elle aussi d'une belle-fille souple de caractère.

Comprendre et accepter : c'est la base de toute communication réussie.

Diplomate

Belle-maman arrive à l'improviste et s'invite pour plusieurs jours à la maison ? La lady ne vocifère pas et l'accueille gentiment. Elle saura aussi conseiller son époux avec courtoisie et diplomatie, lui enjoignant de morigéner un peu sa mère : celle-ci aurait pu être tellement mieux accueillie si elle avait prévenu ! Son fils est aussi devenu un homme et il a besoin d'intimité. Belle-maman aurait-elle accepté de voir ainsi sa mère arriver inopinément ? Sans doute que non.

Belle-maman parle sans cesse de l'ex-femme de votre mari ? En bonne lady, vous saurez sourire et rappeler à votre belle-mère que dans « ex-femme », il y a « ex » et que le sujet est donc clos. La diplomatie n'exclut pas la fermeté et il faut savoir se faire respecter en rappelant que tout n'est pas bon à dire ou à entendre.

Comme tout bon diplomate, n'oubliez pas vos émissaires et si quelque chose doit être dit à la maman en question, envoyez plutôt son fils. Le discours passera en effet bien mieux avec lui qu'avec vous. D'ailleurs, en prenant la parole, il s'affirme en tant qu'homme, n'est-ce pas ?

Patiente

Soyez patiente et vous verrez que tout finira par s'arranger. Celles qui s'entendent merveilleusement avec leur belle-mère oublient souvent de préciser que cela ne s'est pas fait du jour au lendemain et qu'il leur a fallu du temps. Certes, parfois la bonne entente existe depuis le début, mais très sincèrement, dans toute relation, il faut s'apprivoiser et se découvrir, prendre le temps de se connaître. Vivre des choses ensemble, partager certains événements forts de la vie, renforce encore les liens.

Vous verrez, quand vous rendrez votre belle-maman grand-mère, comme les choses changeront ! Et il y aura d'autres moments dans votre vie, agréables ou plus difficiles, des réunions de famille, des maladies, où vous pourrez vous montrer solidaires toutes les deux. Soyez patiente et ne laissez pas passer une occasion de bien faire.

Savez-vous que c'est par l'exemple que l'on apprend le mieux ? Vous seriez surprise de découvrir que beaucoup de belles-mamans finissent par copier leur belle-fille ! Alors ne vous privez pas de montrer le bon exemple à la vôtre

Charitable

« Ce que l'on demande à un homme, c'est d'être utile aux autres. À tous, si cela est possible, sinon à quelques-uns, sinon à lui-même. » En écrivant cela,

Sénèque ne pensait sans doute pas qu'il développait une parfaite maxime pour la lady : être utile aux autres, sans s'oublier soi-même. Un précepte antique à adopter sans tarder.

Se sentir utile

L'oisiveté est déprimante, elle ne peut avoir qu'un temps. L'être humain est un animal social, il a besoin des autres pour apprendre, grandir et se réaliser. Un bébé ne survit pas seul dans la jungle (Mowgli est un personnage de fiction !) et même Robinson Crusoé a besoin de s'occuper l'esprit et de trouver rapidement un ami pour ne pas devenir fou. Regardez autour de vous : même les personnes qui paraissent les plus asociales vivent souvent avec un animal (même si c'est un insecte, un reptile…). Se sentir utile, faire quelque chose dont on puisse être fier est essentiel à notre épanouissement. Pour certains, l'ambition est telle qu'il leur faudra sauver le monde, pas moins, afin de se sentir exister ; pour d'autres, ramasser un papier dans la rue et sentir qu'on a contribué à la sauvegarde de la planète peut suffire.

Pourquoi certains continuent-ils d'être enseignants, malgré les quolibets et les difficultés accrues ? Il leur faut davantage que la sécurité de l'emploi et de supposées vacances (occupées à corriger des copies ou à préparer de prochains cours) : c'est le sentiment de faire quelque chose dans la société. Il faut voir la larme à l'œil d'un professeur de français devant un élève qui récite sa poésie avec conviction. Un seul bon élève peut sauver la carrière d'un enseignant.

Et que dire des pompiers qui risquent leur vie, des médecins qui se lèvent en pleine nuit, des infirmières qui œuvrent sous les bombardements ? Pourquoi travaillons-nous, si ce n'est pour exister ? La lady est ainsi, elle ne travaille pas uniquement pour manger mais aussi parce qu'elle a besoin de sentir que par un petit geste, elle contribue à faire évoluer le monde. Se savoir utile, responsable, permet de mettre plus de cœur à l'ouvrage, de prendre davantage conscience que la vie n'est pas une succession de jours.

C'est une des raisons pour lesquelles la lady ne se plaint pas. Si elle n'aime pas toujours ce qu'elle fait, elle tente d'y trouver un intérêt. Et si pour elle, la contrainte devient trop forte, elle finit par changer d'emploi, parce qu'elle a besoin de trouver un sens à ce qu'elle fait.

Et vous, que faites-vous pour vous sentir utile ? Comment pouvez-vous améliorer cela ?

Au quotidien

On ne se réalise pas uniquement dans les grandes choses, on peut même y arriver plus facilement et plus souvent dans les petites. Quelques exemples ? Ne pas stationner sur les emplacements pour handicapés à moins d'y avoir droit, aider une vieille dame à traverser la rue, trier ses déchets, sourire à sa voisine, discuter (un peu) avec la boulangère, s'intéresser aux passions des autres, demander au charcutier des nouvelles de sa cousine récemment opérée (et donc se souvenir qu'il en a parlé !), partager les fruits et légumes de son potager au lieu de les laisser pourrir, garder patience dans les embouteillages et ne pas hurler sur la voiture d'en face, prendre le temps d'appeler sa grand-mère plus d'une fois par an… Tout cela ne vous coûte absolument rien. Je suis certaine que vous avez de nombreux autres exemples à ajouter à cette liste. Prenez conscience qu'il suffit de peu pour rendre la vie plus agréable, la sienne et celle des autres, que donner un peu de son temps permet un grand bonus au quotidien. Vous remarquerez qu'il s'agit essentiellement de courtoisie et de savoir-vivre ; c'est pourquoi la lady est à l'aise avec tout cela et vous pouvez vous aussi facilement devenir une lady, en somme. Il suffit de maîtriser la courtoisie.

Charité bien ordonnée...

Bien entendu, charité bien ordonnée commence par soi-même. Une lady négligée n'est pas une lady, vous l'avez déjà compris. On ne peut être disponible envers les autres que si l'on est en paix avec soi-même. Si vous êtes stressée, vous ne parviendrez pas à calmer quelqu'un, donc relaxez-vous ! Si vous êtes fatiguée, vous aurez plus de mal à être agréable et courtoise, etc. Autant de raisons de vous occuper de vous. Au fond, vous ne le faites pas pour vous-même uniquement, mais aussi pour les autres ; ce n'est donc pas de l'égoïsme, mais du pur altruisme !

Dans les lieux publics

Parce que la lady n'est pas confinée au gynécée, vous aurez régulièrement l'occasion de sortir et donc de faire la démonstration élégante que vous êtes une véritable dame.

Au restaurant

Si vous décidez d'inviter une amie au restaurant, vous vous y prendrez suffisamment à l'avance et lui proposerez deux ou trois dates. Vous choisirez ensuite un lieu, avec elle ou seule si vous souhaitez lui faire une surprise, en tenant bien compte de ses goûts.

Arrivez un peu en avance pour pouvoir accueillir votre invitée et rejoignez la table que vous aurez pris soin de réserver. Si vous rencontrez d'autres amis, saluez-les mais ne vous imposez pas, ils souhaitent peut-être déjeuner seuls ; s'ils vous proposent de vous joindre à eux, remerciez-les et déclinez poliment l'invitation en proposant de vous revoir une autre fois éventuellement. La personne qui vous accompagne s'attend à passer un moment en tête-à-tête avec vous et n'a peut-être pas envie de vous partager avec d'autres au dernier moment.

Au restaurant, il est d'usage de donner une carte sans prix à la personne que l'on invite. Si ce n'est pas le cas, vous pouvez proposer un choix afin de mettre à l'aise votre amie qui ne sait pas si elle peut prendre un plat, un menu, un dessert ou autres. Demandez-lui si elle préfère de l'eau plate ou bien gazeuse et accompagnez-la, même très modérément, si elle souhaite un peu de vin. La lady ne fait évidemment aucun commentaire sur les choix de la personne qu'elle a invitée, à moins que ce ne soit pour la féliciter. Il est tout simplement impensable de s'émerveiller de son grand appétit. Accompagnez-la au contraire si elle souhaite un dessert. Vous n'êtes pas obligée de prendre un fondant au chocolat si vous n'avez plus faim, mais un sorbet ou des fruits rafraîchis feront parfaitement l'affaire.

Vous ne fumerez pas à table évidemment et ne monopoliserez pas le serveur pour lui demander de détailler tous les plats ou lui raconter diverses anecdotes. Le serveur est là pour travailler et son rôle est de servir les plats, non d'écouter, sinon il aurait choisi d'être psychologue ou assistante sociale. Soyez donc polie, courtoise, mais pas trop longue. Vous pourrez laisser un pourboire, entre deux et cinq euros selon l'endroit et le montant de votre addition (comptez 5 % de la note en moyenne).

À la fin du repas, c'est la personne qui invite qui règle l'addition, sans décortiquer la facture ou sortir sa calculette. Si vous êtes entre amies et que vous décidiez de partager les frais, soyez équitable : ne commandez pas un repas gargantuesque quand votre amie aura pris une simple salade, pour ensuite proposer de diviser la note par deux.

Le repas se fait sans bruits de mastication intempestifs et sans bouche ouverte; on ne parle d'ailleurs pas la bouche pleine. Une fois que vous aurez terminé, si vous souhaitez vous repoudrer le nez, vous le ferez dans les toilettes et non à table. Une lady ne se maquille pas en public, même pour une retouche rapide avec un simple rouge à lèvres, et elle ne se recoiffe pas non plus devant tout le monde.

Dans la rue

Les rues en ville et à la campagne ne se ressemblent évidemment pas et vous saurez vous adapter. Privilégiez tout de même la marche sur le trottoir et le respect des personnes que vous croisez. À savoir : n'éborgnez personne avec votre parapluie ! Prenez-en un de taille raisonnable, soulevez-le ou inclinez-le quand vous croisez quelqu'un, voire mettez-vous sur le côté pour laisser passer la personne. Le trottoir n'est pas un ring sur lequel vous affirmez votre pouvoir et votre suprématie. Comme vous êtes une femme, les hommes et les jeunes filles devraient vous laisser passer en priorité ; si ce n'est pas le cas, ne faites pas le forcing, attendez sagement. Si vous bousculez quelqu'un, présentez vos excuses, ou souriez au moins !

Si vous vous déplacez avec une poussette, comme pour le parapluie, soyez courtoise. Vous n'êtes pas absolument prioritaire sous prétexte que vous avez donné la vie (c'est une chose assez courante), ne roulez donc sur personne et dans les lieux trop exigus (salons, marchés…), évitez la poussette pour préférer le porte-bébé.

Si vous promenez votre chien (en laisse, cela va sans dire, voire avec une muselière), vous êtes tenue de ramasser ce qu'il laisse sur la chaussée. Ce n'est pas très agréable, c'est vrai, mais ça ne l'est pas non plus de marcher dedans.

Si une voiture vous laisse passer pour traverser la rue, souriez au conducteur, faites un petit signe de la main et ne marchez pas à la vitesse d'un escargot si vous le pouvez. Ces petits gestes anodins feront que les automobilistes continueront de laisser passer les piétons. C'est tellement plus agréable, un petit « merci » !

Dans la rue, vous ne parlerez pas trop fort, surtout au téléphone, vous ne regarderez personne avec insistance (on ne montre pas du doigt non plus), ne jetterez rien à terre (gardez vos déchets sur vous en attendant la prochaine poubelle) et ne cracherez pas. Cela semble évident, n'est-ce pas ? Et pourtant…

À la bibliothèque, au musée…

Bibliothèques, musées et autres endroits où le silence est requis doivent être absolument respectés. Ce sont des lieux de réflexion, de travail, de méditation, de tranquillité. N'allez pas briser cette belle harmonie en parlant trop fort (oui, vous trouvez cette œuvre de Kandinsky fascinante, mais gardez vos effusions pour plus tard !), en laissant allumé votre téléphone portable (même si votre sonnerie reprend un air de Mozart) ou en répétant incessamment à vos enfants « chuuuuuuuuuuttttt », à tel point que vous devenez plus bruyante encore qu'eux.

Ne touchez pas les œuvres : imaginez si tout le monde y posait les doigts ! Rangez les livres à leur place ou sur la tablette prévue à cet effet pour éviter qu'ils se perdent. N'arrachez pas de pages, n'y ajoutez pas du stylo. Pensez aussi à vos clés : un jour, dans une bibliothèque où je me trouvais, un homme s'amusait à faire sauter son trousseau de clés, tout en lisant. J'ai failli l'assommer avec un dictionnaire, ce qui n'est pas très « lady », je le reconnais.

Enfin, même si vous êtes en admiration devant un tableau, laissez les autres en profiter aussi ; poussez-vous, surtout si vous êtes stationnée devant l'œuvre depuis quinze minutes.

Les loisirs

Une lady ne se départ jamais de son savoir-vivre et de son élégance, quel que soit l'endroit où elle se trouve et les circonstances. En conséquence, lors de ses loisirs aussi, elle sait se distinguer.

À LA PLAGE

Il y a quelques dizaines d'années, nos aïeules se rendaient à la plage dans d'immenses barboteuses qui ne laissaient que peu deviner leur grâce. C'est dire si le Bikini a révolutionné la tendance ! De même, nul besoin d'être sur une plage de naturistes pour apercevoir des seins exposés sous le soleil d'été. La lady trouve le juste milieu. Elle n'a pas honte de son corps, qu'elle entretient et qu'elle accepte, mais elle ne l'expose pas non plus avec outrance. Sa tenue s'adapte également à son corps et aux années qui passent. Une lady d'un certain âge préférera porter de longues chemises à la plage plutôt qu'offrir son corps aux regards. De même, une jeune lady aux formes de sylphide n'aura pas envie d'être un objet de convoitise et privilégiera une mise correcte, tout en étant parfaitement à l'aise.

À la plage comme ailleurs, les règles de base dominent : on ne fait pas trop de bruit, on ne montre pas du doigt, on ne regarde pas avec insistance et on ne cherche pas à dominer tout le territoire. S'il reste un emplacement exigu entre deux serviettes, demandez l'autorisation de vous y installer. Souriez. À votre départ, laissez l'endroit parfaitement propre et ne secouez pas votre serviette dans les yeux de vos voisins. Bien entendu, si vous souhaitez écouter de la musique, elle sera sur vos oreilles et non dans un transistor pour en faire profiter tout le monde. Vous saurez apprendre la même discrétion à vos enfants. Oui, ils ont le droit de s'amuser, tout comme les autres personnes ont le droit de se détendre. Et chacun a le devoir de respecter l'autre.

Le sport

En sport, comme dans toute autre activité d'ailleurs, la lady est fair-play. Elle accepte de perdre, n'est pas mauvaise joueuse et, si elle gagne, elle a la victoire modeste. Le jeu, le sport servent à se dépasser, mais aussi à communiquer, à créer des liens ; vous n'êtes pas dans une compétition et quand bien même, songez que vous êtes votre première adversaire et que l'autre n'est pas un ennemi, juste un partenaire.

La lady, si elle est excellente dans un domaine sportif particulier, pourra aider les autres à s'améliorer ; elle les encouragera et louera leurs compétences. Elle ne joue pas uniquement pour gagner, mais surtout pour se dépenser, se dépasser et aussi créer un lien social ainsi que relationnel.

Les sorties culturelles

Les possibilités de sortie ne manquent pas, surtout si l'on habite en ville. Au cinéma, au théâtre ou à l'opéra, la lady aime s'habiller avec l'élégance qui la caractérise, bien que de plus en plus, ce soit une tendance qui se perd dans ces endroits. Toutefois, même au prix de son élégance, une véritable dame prendra soin de ne pas porter un chapeau trop voyant ou une coiffure déployée, l'un ou l'autre pouvant gêner le spectateur qui se trouve juste derrière elle. Dans le même ordre d'idées, la lady ne s'encombrera pas d'un gros manteau, ne sachant qu'en faire une fois assise sur son siège exigu.

Bien entendu, dans une salle de spectacle comme ailleurs, le silence est de rigueur ; il est donc convenable d'éteindre son téléphone portable et plus convenable encore de ne pas parler durant la représentation. Vos voisins préféreront sans aucun doute profiter de la scène plutôt que de vos commentaires, même s'ils sont très enrichissants.

Si vous arrivez en retard, il est fort probable que l'ouvreuse vous fasse attendre l'entracte pour entrer. Ne râlez pas, acceptez, pensez au respect de l'artiste et des autres personnes, qui se sont pressées pour ne rien manquer du spectacle, et la prochaine fois, arrivez un peu plus tôt pour ne pas attendre dans le hall. Quand vous entrerez dans la salle, ne faites pas déplacer toute une rangée et installez-vous au premier rang disponible si votre siège n'a pas été réservé.

Vous avez un siège numéroté et il est occupé par une autre personne ? Gentiment, prévenez-la qu'il vous revient, en montrant votre billet : « Pardonnez-moi, je crois que c'est mon siège. » On devrait vous le rendre tout aussi gentiment. Si ce n'est pas le cas, permettez-vous d'insister poliment : « Je comprends que vous n'ayez pas envie de vous déplacer, mais j'ai réservé cette place précisément. Puisque vous pensez que toutes les places se valent, vous ne verrez pas d'inconvénient à en prendre une autre. Nous n'allons pas déranger l'ouvreuse pour cela, n'est-ce pas ? » Il est tout à fait possible de se faire respecter sans avoir besoin de s'énerver.

La lady divorce

Parmi les aléas de la vie, le divorce peut survenir. Statistiquement, de nos jours, un couple sur trois (voire un couple sur deux dans certaines grandes agglomérations) divorce. L'espérance de vie augmente, la qualité de notre santé aussi, les femmes sont désormais indépendantes et ne s'obligent plus à rester avec un époux avec lequel elles ne sont plus heureuses. Il n'est pas question pour autant de dénigrer cet homme ni les années passées avec lui. La lady tentera de s'adapter à toutes les situations afin de viser l'harmonie, passé le cap du bouleversement.

Son mari a une maîtresse

Vous vous en doutiez, ou alors pas du tout, et voilà que cette fois, c'est certain : votre mari vous apprend qu'il a rencontré une autre femme. Cela peut être juste une aventure et dans ce cas, rien n'est perdu, ou ce peut être un nouvel amour pour lui et là, l'annonce risque d'être plus douloureuse.

Évidemment, vous considérerez cela comme une trahison et ce sera extrêmement difficile. Une autre personne s'est immiscée dans votre intimité et vous êtes blessée. Deux cas de figure se présentent alors : soit vous aimez encore votre mari et vous saisissez cette occasion pour réfléchir à votre couple et éventuellement le relancer, soit vous ne l'aimez plus et vous en profitez pour le quitter.

Aussi difficile que ce soit, dites-vous que si votre mari est allé voir ailleurs, c'est qu'il y a un problème dans votre couple et qu'il est temps de tout remettre à plat. Je ne dis pas que c'est votre faute, mais hélas, un peu quand même, à moins que votre mari soit un coureur de jupons impénitent et dans ce cas, vous devez composer avec cela ou choisir de le quitter.

Quoi qu'il en soit, même si vous souffrez terriblement, n'insultez pas cette femme. Après tout, elle n'a pas violé votre mari… La dénigrer ne servira à rien ; l'appeler pour l'injurier ou, au contraire, la supplier de laisser votre époux n'est pas non plus digne de vous. Réglez ce problème avec votre mari et là, il devra faire un choix : soit il s'aperçoit qu'il vous aime et qu'il ne veut pas vous perdre, et alors il cessera tout contact avec elle, soit il est amoureux d'elle et il devra vous aider à faire le deuil de votre amour.

Son mari la quitte

Il a hésité, il a dit qu'il vous aimait encore et finalement, il l'a revue et n'arrive pas à se détacher d'elle. Vous n'allez pas accepter cette situation. Vous êtes une lady, vous méritez le respect. Votre mari doit faire un choix et s'il ne le fait pas, vous le ferez vous-même.

Votre époux vous quitte et vous avez l'impression que le sol se dérobe sous vos pieds ? Ne le suppliez pas, ne l'insultez pas, ne lui proposez pas de rester amis. Demandez-lui du temps. Respectez son choix, dites-vous que vous avez désormais vous aussi l'occasion de vivre un nouvel amour. Ne dénigrez pas toutes les années passées ensemble, vous n'avez pas perdu votre temps, vous avez construit de belles choses. Vous vous relèverez de cela aussi.

N'allez pas le critiquer devant vos amis et parents en leur demandant de prendre parti. Ne racontez rien, vos secrets d'alcôve ne regardent que vous. Ne montez pas les enfants contre leur père, ne dites pas à votre mari que vous le ferez payer et que vous exigerez une énorme pension alimentaire. Restez digne. Un jour ou l'autre, le chagrin va partir, même si c'est très long, et ce jour-là, vous serez heureuse de pouvoir reparler en toute amitié avec cet homme qui a partagé une partie de votre vie.

La lady quitte son époux

Il est possible aussi que ce soit vous qui le quittiez, parce que vous aimez un autre homme, parce que vous ne supportez pas qu'il voie une autre femme, ou bien parce que vous ne l'aimez plus, tout simplement. Prévenez-le avec douceur, ne lui faites pas une liste de griefs en l'accusant de tous les maux. Soyez sobre, prévenante.

Quand vous l'aurez quitté, ne l'appelez pas tous les deux jours pour prendre de ses nouvelles. Il a besoin de temps pour guérir de vous. D'ici quelques semaines, voire quelques mois, vous pourrez le rappeler en lui demandant comment il va. Une lady peut parfaitement devenir amie avec son ex-mari.

Les relations post-divorce

Le divorce engendre un bouleversement et il faut tout reconstruire, tout partager, tout recommencer. Ne vous battez pas pour la garde des enfants et ne leur demandez pas de faire un choix entre leurs parents, surtout s'ils sont petits. Pensez à eux aussi. Ne vous battez pas non plus pour la garde du chat persan, du chihuahua ou du canari rose.

Si vous envisagez de vous remarier, rappelez-vous que vous devez respecter un délai de viduité de trois cents jours, afin de vous assurer que vous n'êtes pas enceinte de votre ancien mari. Si vraiment vous êtes très pressée, il vous suffira de produire un certificat de non-grossesse. À noter pourtant que votre entourage (surtout vos enfants) est susceptible d'apprécier un délai respectable entre votre divorce et votre remariage.

Le divorce est devenu si courant que beaucoup de couples n'hésitent plus à se séparer peu de temps après leur mariage. Les liens entre ex-époux sont aussi souvent plus amicaux. On ne cherche plus à divorcer pour faute et à punir l'autre. Dans l'intérêt des enfants, beaucoup de parents réussissent à trouver un terrain d'entente et même à sympathiser avec le nouveau (ou la nouvelle) partenaire de son ancien conjoint. Après tout, il (ou elle) s'occupera aussi des enfants…

La lady dans le monde

On peut être une lady au quotidien, au travail, en famille ; on l'est avant tout dans le monde, dans les réunions, là où l'on peut s'habiller, parler et faire montre de son excellent savoir-vivre. En général, trois grands événements ponctuent une vie : la naissance, le mariage et la mort. Ils sont l'occasion parfois de retrouvailles avec de la famille éloignée que l'on ne croise qu'à ces moments précis.

Assister à un mariage

Un mariage est une fête des plus plaisantes. On se réunit pour célébrer la création d'un nouveau foyer, il y a de l'amour, de la joie, des rires, beaucoup d'émotion, surtout en fonction de la position qu'on occupe, qu'on soit amie ou parente des mariés.

Vous aurez répondu rapidement à l'invitation, sur une carte de visite ou par téléphone, en l'acceptant ou en la déclinant pour cause d'autre engagement ; dans ce cas, vous présenterez vos excuses.

La tenue, les cadeaux...

Chapeau, robe, chaussures : un mariage est prétexte à porter ses plus beaux atours. Attention tout de même à ne pas être plus jolie que la mariée, c'est un impair que l'on aurait un peu de mal à vous pardonner. En général, on évite donc le blanc (seule la mariée peut en porter) et le noir, qui est la couleur du deuil en Occident. Certains mariés proposent un thème, parfois historique ; pliez-vous-y de bonne grâce, même si vous n'aimez pas cela. N'y allez pas déguisée, mais respectez les choix des mariés. Si vous êtes célibataire, sachez que beaucoup d'unions commencent suite à une rencontre lors d'un mariage; raison de plus pour être au summum de votre raffinement.

Vous offrirez un cadeau (même si vous décidez de ne pas vous rendre à la noce) si vous êtes invitée. La liste de mariage facilite évidemment la chose. Pensez que plus tôt vous vous renseignerez, plus vous aurez de choix pour l'achat du cadeau sur la liste. Si vous préférez offrir quelque chose hors liste, vous pouvez faire livrer le cadeau au domicile des (futurs) mariés, le plus traditionnel étant toutefois de le déposer sur la table prévue à cet effet le jour de la noce. Pensez bien à y joindre votre carte de visite, afin que les mariés puissent vous remercier. Pour éviter qu'elle se perde, vous pouvez accrocher une simple carte sur l'emballage et en glisser une autre, avec un message personnalisé, à l'intérieur du paquet. Vous ne pourrez vous permettre de donner un chèque ou de l'argent liquide dans une enveloppe que si vous faites partie de la famille très proche.

Si le mariage a lieu dans une ville ou un village éloigné de votre demeure, les mariés auront généralement joint une liste d'hôtels à l'invitation dans l'enveloppe. Si ce n'est pas le cas, n'allez pas les importuner (et leur rappeler leur bévue) en leur demandant de s'occuper de vous réserver une chambre, d'une part parce qu'ils auront bien d'autres choses à gérer, ensuite parce qu'ils risquent d'être mal à l'aise s'ils doivent vous réclamer de l'argent. Aujourd'hui, avec Internet, vous n'aurez aucun mal à vous débrouiller toute seule pour trouver un lieu de repos.

S'adapter à la religion des mariés

Le mariage ou le pacs est une union civile, obligatoire pour faire modifier son état civil. Bien souvent, les couples choisissent de s'unir, en plus, religieusement.

Dans l'union catholique, le mariage est un sacrement. Le prêtre bénit les alliances et la cérémonie comprend des chants, des lectures des Évangiles ainsi que des promesses. Dans le culte protestant, la cérémonie est à peu de choses près la même, mais le mariage n'est pas considéré comme un sacrement ;

le pasteur bénit toutefois le nouveau couple. Chez les orthodoxes, le mariage a lieu le dimanche ; c'est une cérémonie très fastueuse et riche en symboles, avec couronnement des mariés, cierges et bénédiction. Lors du mariage juif, les mariés signent une liste d'engagements qu'ils prennent l'un envers l'autre (la ketouba). C'est également une célébration symbolique au cours de laquelle le marié brise un verre en mémoire de la destruction du Temple de Jérusalem. Le mariage musulman, lui, peut se faire au domicile de la fiancée et pas obligatoirement à la mosquée, même si un imam y préside. Lectures de versets du Coran et échange de consentements ponctuent la cérémonie religieuse.

Quelle que soit la célébration à laquelle la lady est invitée, elle s'y rend avec le plus grand respect. Elle ne chuchote pas, ne se montre ni surprise, ni moqueuse, ni impatiente, même si cela peut lui sembler long. Ce n'est pas un spectacle, mais un moment important pour les mariés qui témoignent, par leur invitation, de leur envie de partager cela avec elle. Et quelle belle occasion de découvrir une nouvelle culture !

Être invitée à un baptême

Un baptême est souvent intime, mais de plus en plus de familles y voient l'occasion d'une réunion pour présenter l'enfant, en sus de l'acte religieux. Vous pourrez donc être invitée à cette cérémonie, même en simple amie, pour fêter l'arrivée d'un bébé.

La tenue, les cadeaux...

Habillez-vous avec élégance mais sans apparat ; un baptême n'étant pas un mariage, votre tenue sera discrète. N'optez pas pour une robe en tissu précieux, vous êtes susceptible de porter le bébé et un bébé, parfois... ça régurgite. Une lady parfaite ne se plaint pas et trouve les enfants adorables, pas question donc de vous apitoyer sur une robe abîmée : vous voilà prévenue. Si vous êtes marraine, dans la confession catholique, vous vous engagez à suppléer les parents dans l'éducation spirituelle de l'enfant, mais aussi, s'ils décèdent, à vous charger de lui, même si cela n'a qu'un caractère moral, pas légal. Réfléchissez donc bien avant de vous engager et n'hésitez pas à demander aux parents ce qu'ils attendent de vous en vous proposant d'être marraine. Peut-être veulent-ils simplement vous témoigner leur affection par un geste symbolique, sans que la religion entre en ligne de compte.

Traditionnellement, le parrain offre une timbale gravée du nom (ou des initiales) du bébé et des dragées ; quant à la marraine, elle se charge de la robe de baptême et d'une médaille religieuse en or, avec une chaîne. Ces usages n'ont pas toujours cours, les parents préférant parfois choisir la layette et les dragées. Une fois encore, demandez-leur si vous pouvez offrir telle ou telle chose. À noter encore que, d'après la coutume, la marraine offre aussi un petit cadeau à la maman et en reçoit un de la part du parrain.

Si vous n'êtes pas marraine, vous offrirez tout de même un présent. Vous pouvez choisir un cadeau religieux (il existe des boutiques spécialisées) ou un vêtement, voire un cadeau utile pour les jeunes parents, surtout si c'est leur premier bébé. Il est judicieux là encore de leur demander si votre idée est appropriée, sinon les peluches, jouets et autres tétines risquent vite d'envahir la chambre du nouveau-né.

S'adapter à la religion des parents

Même s'il existe des baptêmes civils, la cérémonie autour du nouveau-né est souvent religieuse et n'a pas le même sens selon les confessions. Comme pour le mariage, adaptez-vous au choix des parents et, si vous n'approuvez pas ce en quoi ils croient, personne ne vous oblige à vous y rendre. Rappelez-vous que cette cérémonie a certainement une grande importance pour eux et que vous ne pouvez vous permettre de les juger ni d'en discuter ce jour-là.

Pour les catholiques, le baptême de l'enfant est un sacrement qui lave le péché originel (Adam, Ève, la pomme…), seule la Vierge Marie ayant été conçue sans péché. Il a donc une signification importante. La mort d'un enfant avant ce sacrement le menant dans les limbes, le baptême a lieu rapidement après la naissance. Dans le rite israélite, le petit garçon est circoncis six jours après sa naissance (sauf contre-indication médicale). Chez les musulmans, le bébé est rasé en signe de purification et le petit garçon sera lui aussi circoncis, plus tard. Pour les orthodoxes, l'enfant est immergé nu lors de son quarantième jour.

ET APRÈS ?

Après la cérémonie, vous remercierez évidemment les parents. Eux-mêmes vous écriront pour vous remercier, vous et chaque personne présente ce jour-là.

Assister à un enterrement

Un enterrement est certainement la plus douloureuse des invitations auxquelles vous devrez faire face. Dans une famille, c'est aussi le moment où l'on retrouve des personnes perdues de vue depuis des années parfois. Oubliez les querelles qui ont pu vous opposer à elles. Ce jour là plus que tout autre, il vous faudra démontrer que vous êtes une lady, c'est-à-dire une femme digne qui ne s'épanche pas, quel que soit son chagrin, qui ne snobe personne et qui partage sincèrement la douleur de tous.

Bien sûr, vous pouvez pleurer. Évitez de prendre la parole si vos sanglots sont trop lourds et préférez le silence d'une étreinte à une phrase maladroite qui pourrait blesser les endeuillés.

Dès que vous apprenez un décès, n'appelez surtout pas, mais envoyez un courrier (un télégramme éventuellement) pour prouver votre affection en ce moment difficile. Un texto ou un mail n'est pas bienvenu à ce moment précis.

La tenue

En France, la couleur du deuil est le noir. Vous ne porterez donc pas de teintes vives le jour d'un enterrement. Autrefois, le temps du deuil était plus long qu'aujourd'hui : une année pour un veuf et dix-huit mois pour une veuve. On ne peut pas parler actuellement de délai type, mais il reste d'usage de porter une tenue sombre durant quelques semaines.

Lorsque l'on vous convie à un enterrement, respectez ce code. Si c'est l'hiver et que vous n'avez qu'un seul manteau, rouge vif, demandez à quelqu'un de vous en prêter un pour l'occasion.

S'adapter à la religion du défunt

Les catholiques réservent une messe pour ce moment difficile. La famille se place dans les premiers rangs tandis que le cercueil (fermé) est devant l'autel. À la fin de la cérémonie, l'assemblée est invitée à faire le signe de croix au-dessus du cercueil à l'aide d'un goupillon. La famille se place ensuite au fond de l'église, en rang, afin de recevoir les condoléances de chacun. À noter que ce moment peut être évité pour des questions de chagrin trop intense ou repoussé au cimetière, après l'inhumation. Vous remplirez de toute façon le cahier de condoléances laissé à l'entrée de l'église. Vous pouvez écrire sur une carte de visite au préalable et la déposer dans le registre si vous préférez. Après l'inhumation, les proches se retrouvent autour d'une collation prétexte à rester un peu ensemble pour se consoler.

Chez les protestants, la messe n'est pas obligatoire et il n'y a pas de défilé devant le cercueil. Pour les orthodoxes au contraire, la cérémonie a bien lieu et le cercueil reste ouvert, permettant à chacun de voir encore une fois le défunt. Dans le rite israélite, le défunt a le visage caché par un drap. Les hommes ont alors une kippa sur la tête et les femmes un foulard. La famille proche portera durant sept jours un deuil consistant à ne pas sortir, ne pas se laver, cacher tous les miroirs de la maison et déchirer un pan de son vêtement. Vous ne dérangerez pas des personnes endeuillées durant cette période.

La crémation remplace de plus en plus souvent l'inhumation (sauf chez les juifs et les musulmans, pour qui elle est interdite).

En cas de funérailles civiles (sans aucune célébration religieuse), les pompes funèbres réservent en général un salon où tout le monde peut se rassembler et se recueillir avant le départ du cercueil pour le cimetière ou le crématorium.

Selon le lieu, vous serez amenée à vous rendre à pied de l'église (ou du salon) jusqu'au cimetière ; évitez donc les talons trop hauts (assez malvenus de toute façon ce jour-là, comme toute autre coquetterie).

Les condoléances

Étymologiquement, condoléances signifie « avec douleur » : vous exprimez ainsi votre partage du chagrin et de la douleur des endeuillés. Vous pouvez envoyer des fleurs ou une couronne directement à l'église pour apporter votre soutien, en y ajoutant une carte de visite. Certaines familles précisent parfois dans l'annonce du décès « sans fleurs ni couronnes » : respectez ce choix. Si vous tenez à montrer votre chagrin, vous pouvez faire graver une plaque commémorative qui sera placée sur la tombe (s'il y en a une et non une urne). C'est assez courant pour un collègue de travail par exemple. Comme toujours, misez sur la sobriété et la simplicité.

Durant le semestre suivant les funérailles, évitez les grandes fêtes, qui pourront être reportées le cas échéant. C'est une façon élégante et discrète de montrer son respect pour le défunt et ses proches.

L'étiquette

Au cours d'une réception ou d'un dîner, vous aurez l'occasion de faire des rencontres, de laisser votre carte de visite et d'être présentée, à moins que ce ne soit vous qui fassiez les présentations et dans ce cas, quelques petites règles sont à connaître.

Les présentations

Une base essentielle à retenir : on présente toujours un homme à une femme, la personne la plus jeune à celle qui est plus âgée et la moins importante en titre à celle qui l'est davantage. En résumé, on présente quelqu'un à la personne qui est la plus respectable des deux. Cette dernière est celle qui tendra la main en premier. À noter que s'il s'agit d'un homme âgé, c'est lui qui sera la personne la plus respectable vis-à-vis d'une jeune fille. Attention toutefois, c'est un cas extrêmement délicat. En effet, si vous prenez le parti de dire que le monsieur est le plus respectable par rapport à la jeune fille, vous impliquez de fait qu'il est très âgé. Même si c'est une réalité, cela peut mal passer. Tout est question de diplomatie. Adaptez-vous aux circonstances et aux personnes : un vieux monsieur galant préférera que vous oubliiez son âge, alors qu'un autre vieux monsieur très porté sur le protocole tiendra à ce que vous le considériez comme le plus respectable.

Quand vous présentez des personnes, glissez un petit mot sur chacune, faites allusion à un centre d'intérêt ou un point commun, afin que ces nouvelles connaissances puissent échanger entre elles : « Jehanne, permettez-moi de vous présenter Antoine. Il collectionne les timbres, comme vous. »

Seule, vous éviterez de vous présenter vous-même ; demandez à quelqu'un de le faire pour vous : « Raphaëlle, pourriez-vous me présenter à monsieur Antonietti s'il vous plaît ? »

La carte de visite

À plusieurs occasions, vous serez amenée à utiliser votre carte de visite, que ce soit pour envoyer un mot de remerciement, une invitation, ou encore pour offrir un cadeau.

Idéalement, votre carte de visite devrait vous ressembler, puisqu'elle vous représente. Mais elle se veut également sobre et classique. Ce sera un bristol, blanc de préférence, en format pouvant être accueilli dans une enveloppe : 12 × 8 cm, 15,5 × 11 cm ou 10,5 × 8 cm. Certaines femmes acceptent encore, de nos jours, d'avoir des cartes de visite plus petites que celles des hommes.

Si vous êtes célibataire, vous écrirez votre prénom puis votre nom : *Eugénie Saint-Antoine*. Placez-les, centrés, un peu vers le haut pour laisser de la place à la correspondance. Votre adresse pourra figurer en bas, à gauche. Vous n'êtes pas tenue d'ajouter votre numéro de téléphone.

Si vous êtes mariée, vous écrirez le prénom de votre époux et votre titre (*Madame Rémi Saint-Antoine*). Si vous êtes divorcée, vous garderez votre titre et votre prénom évidemment, mais vous inscrirez désormais votre nom de jeune fille (*Madame Eugénie du Préhaut*). Si vous possédez une carte de visite pour votre couple, vous écrirez « M. et Mme » suivi du prénom et du nom de votre époux (*M. et Mme Rémi Saint-Antoine*).

Vous n'avez pas besoin de signer au bas d'une carte de visite (puisque votre nom y figure déjà) et vous écrirez à la troisième personne.

Eugénie Saint-Antoine

Adresse ses sincères félicitations aux jeunes mariés.

Lors de rendez-vous professionnels, vous pourrez donner votre carte de visite assez vite ; dans un échange plus informel, laissez passer un peu de temps dans la conversation avant de le faire.

La noblesse

D'après l'ANF (Association d'entraide de la noblesse française), il resterait aujourd'hui en France trois mille deux cents familles nobles, c'est-à-dire capables de « justifier de la filiation naturelle et légitime jusqu'à un ancêtre en ligne directe et masculine *[et pouvant]* produire un acte officiel récognitif de noblesse régulière française, acquise et transmissible ».

En France, on garde un certain respect pour les titres de noblesse. En effet, à l'origine (dès l'Antiquité), on devenait noble par récompense militaire ou civile ; dans cet esprit, on conserve une certaine déférence à l'égard des familles considérées comme illustres.

Si vous devez vous adresser à un noble, vous n'avez pas à citer son titre (sauf pour les ducs et duchesses) ; vous vous contenterez de l'appeler « monsieur » ou « madame ». Quant à la particule, elle ne se nomme pas non plus, sauf si elle est précédée du prénom et du titre de la personne.

Par définition, le noble se doit d'être simple et humble, au service de ceux qui ont besoin de lui. Au contraire, le snob (contraction de *sine nobilitate*, « sans noblesse ») feint d'appartenir à une certaine aristocratie et par là même, il surjoue son personnage en lui conférant tout ce qu'il n'est pas. Le snob est généralement arrogant et affecté, le contraire d'un véritable noble en somme.

Particules, armoiries et grades

La particule indique la possession d'une terre, elle n'est donc pas liée à la noblesse.

De même, les armoiries ne sont pas réservées aux nobles ; un écu représente une famille ou un corps social, professionnel, et se transmet à chaque génération. La science héraldique étudie ces écus qu'aucune législation ne réglemente. Prenez garde toutefois, si vous souhaitez créer votre propre blason, à ne pas emprunter des symboles qui appartiennent à d'autres. Les armoiries racontent une histoire.

Certains grades sont aussi importants ; c'est le cas pour les militaires et ecclésiastiques. Les connaître sera très utile à la lady pour placer ses invités ou les présenter l'un à l'autre.

Pour l'armée de terre
(en commençant par le plus gradé)

Général d'armée
Général de corps d'armée
Général de division
Général de brigade
Colonel
Lieutenant-colonel
Chef de bataillon
Capitaine
Lieutenant
Sous-lieutenant

Pour la Marine

Amiral
Vice-amiral
Contre-amiral
Capitaine de vaisseau
Capitaine de frégate
Capitaine de corvette
Lieutenant de vaisseau
Enseigne de vaisseau première classe
Enseigne de vaisseau deuxième classe

À noter que le titre de maréchal de France n'est pas un grade militaire mais une distinction de l'État.

Une femme ne dira jamais « mon général » ou « mon colonel », mais simplement « général » ou « colonel ». Si vous craignez de vous tromper, rassurez-vous, une femme peut se permettre de dire « monsieur » ou « madame » ; c'est un usage un peu désuet que vous pouvez parfaitement vous autoriser.

La hiérarchie ecclésiastique

Pape (« Très Saint-Père »)
Cardinal (« éminence »)
Archevêque
Évêque (« monseigneur », « mon père »)
Prêtre (« mon père », « monsieur le curé »)
Chanoine
Diacre
Abbé (« monsieur l'abbé »)
Prieur
Moine et moniale

Vous direz « monsieur le grand rabbin » (culte israélite), « monsieur le recteur » (culte musulman) et « monsieur/madame le pasteur » (culte protestant).

À l'étranger

« À Rome, fais comme les Romains », préconise l'adage ; encore faut-il connaître les règles de savoir-vivre de base du pays où l'on se rend.

Voici un rapide tour du monde de la courtoisie, à l'attention de la lady en voyage. Si, dans une situation particulière, vous ne savez comment agir, le plus simple est de demander ; afficher votre ignorance et votre désir de bien faire, de respecter la coutume, passera pour une marque de politesse.

En Allemagne

En Allemagne, l'étiquette est encore profondément de mise même si, comme dans beaucoup d'endroits, elle tend à s'assouplir. On salue d'une légère inclinaison du buste, voire d'une poignée de main, et l'on appelle la personne par son titre, *Herr* (monsieur) ou *Frau* (madame), suivi du nom de famille. À noter que l'on dit bien *Frau* dès la vingtaine et non plus *Fräulein* (mademoiselle), même pour une célibataire.

La ponctualité est de rigueur ; aussi, si vous êtes invitée à 19 heures, on vous attend à cette heure précise. Le cadeau est également de mise pour toute invitation, même pour un simple *Glas Wein* (verre de vin) supposant que vous avez déjà dîné et vos hôtes aussi.

Les Allemands sont très respectueux des codes et des lois, et ils ont un véritable civisme écologique.

En Angleterre

L'Angleterre reste le pays de la courtoisie et la lady y est en son domaine. Là encore, on cite le nom de famille après le titre, ou bien encore le prénom si l'on nomme un proche ou une personnalité (Sir Winston). Ne serrez la main que la première fois ; ensuite, une inclinaison du buste suffit.

On appréciera votre discrétion vestimentaire (la lady n'est pas une punk) et gestuelle. On vous pardonnera beaucoup puisque vous êtes étrangère et l'on sera en conséquence plus charmé encore par vos efforts. À table, vous ne serez pas surprise par les couverts qui pointent vers le haut et par le fromage parfois servi après le dessert. L'élégance est de mise à chaque repas, même pour le petit déjeuner. Vous penserez à remercier par écrit de votre séjour.

En Belgique

Comme le Royaume-Uni, la Belgique est une monarchie et ses habitants sont très attachés à leur souverain, à sa famille et aux traditions. On y trouve donc encore des soirées très traditionnelles : invitation par carton, aboyeur, baisemain, habits de gala.

Il existe un protocole bien établi, qui définit de nombreuses règles en présence du souverain ou d'un membre de la famille royale. Rassurez-vous, si vous êtes conviée, le carton stipulera la tenue adéquate et comment accuser réception de l'invitation.

Si vous êtes invitée chez des particuliers, envoyez des fleurs. Les Belges sont généreux et accueillants, mais ils apprécieront peu l'humour pesant sur leur pays.

Au Canada francophone

Il existe peu de formalisme au Canada, même si la langue québécoise conserve des mots qui pourront vous paraître délicieusement surannés. Il n'y a pas, comme dans d'autres pays, de noblesse et la valeur sociale s'évalue à la réussite professionnelle. Le tutoiement est rapide, les repas aussi, et l'on vous invitera plutôt à prendre un verre après le dîner. Lorsque l'on vous servira des biscuits, vous saurez que c'est le signal pour prendre prochainement congé.

En Espagne

Au contraire du Canada, en Espagne, on prend le temps. Le déjeuner s'apprécie vers 14 heures et est suivi d'un temps de repos à respecter (pas de visites ou d'appels téléphoniques) ; quant au dîner, il est servi vers 22 heures et peut être suivi d'une promenade dans les rues de la ville. Les femmes, sans être confinées, sortent assez rarement seules et elles éviteront les terrasses de cafés.

En cas d'invitation, arrivez un bon quart d'heure après l'heure annoncée et apportez des chocolats, voire du vin si vous êtes intime avec vos hôtes, mais pas de fleurs.

Aux États-Unis

Ne vous attendez pas à trop de galanterie aux États-Unis (même si, au vu de la taille du pays, il est difficile de généraliser) : certains hommes craignent les plaintes pour harcèlement sexuel et, les gestes pouvant être mal interprétés, beaucoup préféreront s'abstenir.

Les habitants de ce pays où la liberté domine sont accueillants et sympathiques, ce qui ne signifie aucunement que vous deviendrez intime avec eux, même après avoir été reçue. Vous aurez soin de laisser un peu du repas dans votre assiette, preuve que vous avez suffisamment mangé, et l'on appréciera que vous remerciiez vos hôtes, le lendemain, par un courrier ou un appel téléphonique. Si vous envoyez des fleurs, évitez les œillets, qui sont assimilés à nos chrysanthèmes.

Au Japon

Patience, sourire et discrétion sont les trois mots qui pourraient résumer la courtoisie japonaise, même si elle est en fait bien plus complexe que cela, surtout du point de vue des Occidentaux.

Retenez que vous ne serez sans doute pas invitée à l'intérieur du foyer, réservé à la famille, mais plutôt dans des restaurants ou des clubs. Il est très impoli de refuser. Le pourboire est exclu, en revanche les petits cadeaux sont très appréciés. On serre rarement la main (les embrassades sont proscrites en public) et l'on conserve une légère inclinaison du buste, bien utile dans différents pays.

En Italie

L'Italie est pour ainsi dire l'opposé du Japon, avec l'exubérance superbe et l'expansion chaleureuse de ses habitants. Italiens et Français ont beaucoup en commun et éprouvent une sympathie mutuelle naturelle. Arrivez à l'heure aux invitations, habillez-vous avec une grande élégance, ne lésinez pas sur les compliments sincères et le lendemain, faites porter des fleurs ainsi qu'un petit mot de remerciement.

Au Maghreb

Si vous êtes invitée à l'intérieur d'un foyer, il est probable, dans certains endroits traditionnalistes, que la maîtresse de maison ne participera pas au repas avec vous. En ce cas, en tant que femme, vous pourrez vous permettre d'aller la saluer. Si vous ne parvenez pas à manger avec vos trois doigts à même le plat, vous pouvez demander une fourchette, cela vous épargnera de répandre de la nourriture partout.

L'accueil sera toujours chaleureux et très hospitalier. La règle veut que l'on retourne une invitation. En sortie, le pourboire se distribue presque systématiquement. Ne pas en donner reviendrait à marquer votre mécontentement.

En Polynésie française

Aux antipodes de la capitale métropolitaine, la Polynésie française s'étend sur un territoire aussi grand que l'Europe. On y trouve trois communautés : les Maoris, les Chinois et les métropolitains de passage ou qui y vivent depuis plusieurs générations. On y appréciera votre élégance et le fait que vous portiez des fleurs en couronne (autour de la tête et/ou du cou) lors de fêtes. Déchaussez-vous avant d'entrer dans un foyer, sauf si la maîtresse de maison vous demande de garder vos souliers. Vous pourrez apporter du vin ou du champagne, très apprécié. On aimera votre simplicité, votre joie de vivre et votre participation au chant, à la danse ou à la musique. Il est rare en effet qu'une soirée se déroule sans musique.

Le protocole

Même si la noblesse n'existe plus officiellement en France, notre pays conserve un certain prestige et le souvenir d'un passé historique. Les monarchies des pays limitrophes remplissent toujours les pages des magazines, tant il est vrai que l'univers des princes et des princesses continue de faire rêver. Que l'on rencontre des personnalités royales ou non, un certain protocole est toujours en vigueur en fonction des circonstances. Un protocole que se doit bien évidemment de connaître toute lady.

Je, tu, vous...

Dans la langue française, on note une distinction très nette entre le « tu » et le « vous ». Le tutoiement est considéré comme familier, c'est-à-dire qu'il est réservé aux proches, aux amis, aux collègues, voire aux subalternes. Il peut donc se révéler peu respectueux à l'occasion. *A contrario*, le vouvoiement est un signe de respect, de courtoisie et de délicatesse. Pour cette raison, on utilisera spontanément le vouvoiement, surtout si l'on s'adresse à une personne plus âgée ou particulièrement respectable. Les hommes d'aujourd'hui ont, d'emblée, la fâcheuse habitude de tutoyer une jeune femme de leur âge afin de créer une sympathie directe. C'est un peu dommage et cela enlève le charme suranné d'une approche romantique, car le vouvoiement est porteur d'élégance et de savoir-vivre.

Bien entendu, le temps passant, le tutoiement pourra s'amorcer entre deux interlocuteurs (bien qu'il ne soit pas obligatoire). C'est à la personne la plus âgée et la plus respectable de le proposer et, si vous vous adressez à un enfant, vous pouvez parfaitement le tutoyer.

Le baisemain

Le baisemain n'a jamais lieu en extérieur et ne s'effectue pas sur une main gantée. L'homme prend délicatement le bout des doigts de la dame, s'incline et effleure des lèvres sa peau à la naissance du poignet. Il ne s'agit donc pas d'un baiser affirmé ni d'une franche poignée de main, mais bien d'un geste tendre et respectueux. La lady offre une main accueillante et souple.

Bals et rallyes dansants

Afin d'habituer les jeunes gens aux réceptions et de leur constituer un réseau amical, beaucoup de grandes familles organisent des rallyes dansants.

Souvent prévues sur deux à trois ans, ces réunions réunissent des jeunes gens du même âge. Ce sont les mères des jeunes filles qui organisent les rendez-vous, se répartissant les dates, les tâches, les frais. Les garçons sont évidemment invités. Même si c'est la mère qui reçoit pour sa fille, c'est l'occasion pour la jeune lady d'apprendre tout l'art d'inviter et de recevoir : choisir les invités en ménageant toutes les susceptibilités, adresser un carton d'invitation, prévoir le lieu de la fête, ce qui sera servi au repas, les boissons, la musique, la décoration, l'animation…

Le rallye dansant est tout un art progressif et une merveilleuse occasion pour la jeune lady de se former.

Les préséances

Le protocole national s'applique lors de manifestations publiques (célébrations du 11 novembre par exemple). Un décret de 1989 régit l'ordre des préséances et le protocole adéquat. C'est à lui qu'il faut se référer pour connaître les personnes les plus respectables dans les règles de courtoisie. Il peut servir de référence pour des réceptions privées, tout en restant modulable évidemment. C'est le cas par exemple si vous invitez une personnalité religieuse qui, si elle ne figure pas au protocole civil, continue d'occuper une place importante en France.

Sur la page suivante figurent les dix premiers dignitaires par ordre de préséance, selon qu'une cérémonie officielle a lieu dans la capitale ou dans les autres départements français.

À ordre égal, on honore le dignitaire le plus ancien (et non le plus âgé) ; on honore aussi un étranger avant son homologue français.

Les dix premiers dignitaires à Paris

Le président de la République

Le Premier ministre

Le président du Sénat

Le président de l'Assemblée nationale

Les anciens présidents de la République

Les membres du gouvernement

Les anciens présidents du Conseil et anciens Premiers ministres

Le président du Conseil constitutionnel

Le vice-président du Conseil d'État

Le président du Conseil économique et social

Dans les autres départements

Le préfet

Les députés

Les sénateurs

Le président du conseil régional

Le président du conseil général

Le maire

Les représentants au Parlement européen

Les généraux

Les dignitaires de la Légion d'honneur, les Compagnons de la Libération, les dignitaires de l'ordre national du Mérite

Le président du Conseil économique et social de la région

Les décorations

Vous n'êtes pas noble de naissance, vous n'avez aucun prétendant noble en vue, mais vous aimeriez bien porter un titre, une distinction particulière ? Une décoration semble une excellente possibilité et vous vous verriez bien arborer la Légion d'honneur ou le ruban de l'ordre du Mérite (les deux plus hautes distinctions, en dehors des médailles militaires). Soyez très proche de vos amis dans ce cas, car c'st à eux qu'incombe le devoir de signaler aux autorités vos talents. Une décoration, en effet, ne se demande pas pour soi-même, il faut que d'autres personnes suggèrent votre promotion au ministère visé.

Pour être nommée chevalier de la Légion d'honneur, il faut justifier d'un minimum de vingt années de « mérites éminents » dans ses activités professionnelles ou sociales.

L'ordre national du Mérite récompense civils ou militaires pour des services exceptionnels rendus à la nation. Dix années de mérites exceptionnels suffisent ici.

Conclusion

Après la révolution de 1968, la libération des mœurs et la vie publique comme privée mise innocemment sur les grands circuits d'Internet, certains se demanderont si devenir une lady mystérieuse n'est pas faire un retour en arrière.

Désormais, les corps se dévoilent sur les plages et dans les publicités, sur petit et grand écran, alors pourquoi cacher ses attraits ou du moins ne les dévoiler qu'avec parcimonie ? Puisque la tour de Babel s'est effondrée, que l'on peut parler toutes les langues et même une nouvelle, plus jeune, plus rapide, plus branchée, par courriels, textos ou graffitis, pourquoi conserverait-on un langage suranné, une politesse presque oubliée ?

Peut-être pour garder des repères…

Sourire à son voisin de bus, parler avec la maraîchère, dire « merci », « bonjour », « s'il vous plaît », est une tendance que l'on ne voit plus très couramment en certains endroits. Cette courtoisie devient alors magique, provoquant un étonnement, un sourire et même un apaisement.

La lady porte avec elle un air de douceur et de savoir-vivre qui devient vite contagieux. Plus que jamais, elle incarne la lutte non violente d'un courant qui ne veut pas se faire oublier et continue de se frayer un chemin sur tous les sentiers, celui d'une façon de voir la vie et les autres avec respect et courtoisie. On ne change peut-être pas le monde avec un peu de bonnes manières, mais la lady peut toujours essayer d'y parvenir. Elle n'est pas femme à craindre les défis…

Retrouvez toutes nos créations et nos points de vente sur
www.lescakesdebertrand.com

Dépôt légal : mai 2012
23-21-0533-01-2
ISBN 978-2-01-230533-5

Imprimé en République Populaire de Chine
par Toppan Leefung Products